**로마서 정독하기**

믿음이란 한 알의 밀알이 땅에 떨어져 죽음으로 많은 열매를 맺음과 같이 진리의 열매를 위하여 스스로 죽는 것을 뜻합니다.
눈으로 볼 수는 없으나 영원히 살아 있는 진리와 목숨을 맞바꾸는 자들을 우리는 믿는 이라고 부릅니다. 「믿음의 글들」은 평생,
혹은 가장 귀한 순간에 진리를 위하여 죽거나 죽기를 결단하는 참 믿는 이들의, 참 믿는 이들을 위한, 참 믿음의 글들입니다.

# 로마서
# 정독하기

오경준

## 일러두기

- 이 책에 기본으로 사용된 성경은 한글 개역개정판이다.
- 필요한 경우 글쓴이의 원문 번역을 실었다. 최대한 직역을 원칙으로 했고 장절 표기 끝에 '사역'이라고 표기하였다. 사용된 헬라어 원전은 〈NESTLE-ALAND NOVUM TESTAMENTUM GRAECE 28th Revised Edition〉이다.
- 원어를 살필 필요가 있는 단어나 문장은 헬라어와 한글 음역을 병기했고 뒤에서 다시 반복될 경우에는 한글 음역만 표기했다.
- 고대 헬라어의 'θ'는 'ㅌ' 발음에 가장 가까웠으므로 우리말 'ㅌ'으로 표기했다. (예를 들어 ἀγαθός를 '아가토스'로 표기했다.)

청년 때 계룡산 입구에 갔다가, 목적한 갑사는커녕 남매탑도 못 보고 돌아온 적이 있습니다. 언젠가 다시 가야지 했는데 수십 년 이 흘렀어요.

로마서가 그런 것 같습니다. 바울서신 첫머리에 고고히 솟은 절 경을 우리는 흠모합니다. 구석구석 명소에서 들리는 소식도 익숙 합니다. 하지만 직접 산에 올라 전체를 조망하며 정상의 서기에 몸을 적셔 본 이는 드뭅니다. 절경인 만큼 산세가 험해 시도조차 미룰 때가 많습니다.

그런 분들을 위해 이《로마서 정독하기》를 썼습니다. 숭고한 영산 등반을 돕는 셰르파가 되라고, 흩어진 보석들을 꿰어 믿는 이들에게 광채를 더하라고 말입니다. 책에 담긴 제 미미한 땀이 조금이라도 그 일에 쓰이기를 소망합니다.

처음엔 바울서신 전체를 한 권에 담으려 했습니다. 하지만 로마서를 굽이굽이 탐험하며 발견한 풍광들이 너무 아름다워 공들이다 보니 훌쩍 한 권 분량이 되었습니다. 로마서 편만 출간하자는 고집을 흔쾌히 들어주신 홍성사에 감사드립니다. 앞서 나온《신약 정독: 복음서 편》을 읽고 다음 책을 격려해 주신 분들께도 감사드립니다.

이런저런 굴곡으로 중도에 글쓰기를 포기할 뻔했습니다. 그러다 〈라스트 풀 메저〉라는 영화를 통해 한 사건을 알게 되었습니다. 1966년 베트남 전쟁 때 헬기 수송병 피츠가 기어이 줄을 타고 내려와 60여 명의 병사를 구하고 죽은 실화입니다. 피츠 덕에 살아난 전우들은 일생 그의 명예 회복에 매달려 32년 만에 '메달 오브 아너' 훈장을 무덤에 바칩니다.

로마서를 쓴 바울은 더욱 그랬습니다. 심판할 땅에 내려와 인간을 위해 십자가 지신 사랑을 깨닫고 예수님의 복음과 그분의 명예에 자기 생을 바쳤습니다.

그 숭고한 하모니가 밀려와 모든 걸 밀치고 꿋꿋이 이 책을 완성했습니다. 딱딱한 글이지만 울컥할 때도 많았습니다. 주님의 사랑을 온전히 깨닫고 바울처럼 살다 죽으면 좋겠다는 바람을 감히 품고서.

우리가 살아도 주를 위하여 살고 죽어도 주를 위하여 죽나니 그러므로 사나 죽으나 우리가 주의 것이로다(롬 14:8).

*Sola Scriptura!*
2021년 9월

오 경준

# 차
# 례

**신약정독**

**워밍업**

신약성경은 총 27권으로 이루어져 있다. 각 권을 특징에 따라 분류하면 다음과 같다.

| 신약성경 | 복음서(4권) | 마태복음, 마가복음, 누가복음(공관복음서)<br>요한복음(제4복음서) |
| --- | --- | --- |
| | 역사서(1권) | 사도행전 |
| | 바울서신(13권) | 로마서, 고린도전·후서, 갈라디아서, 데살로니가전·후서(여행서신)<br>에베소서, 빌립보서, 골로새서, 빌레몬서(옥중서신)<br>디모데전·후서, 디도서(목회서신) |
| | 공동서신(8권) | 히브리서, 야고보서, 베드로전·후서, 요한1·2·3서, 유다서 |
| | 예언서(1권) | 요한계시록 |
| | 총 27권 | 9명(혹은 그 이상)의 기록자 |

복음서는 예수님의 생애와 교훈을 기록한 네 권의 책이다. 마태복음, 마가복음, 누가복음은 공통의 관점이 들어 있어서 공관복음서라고 부른다. 요한복음은 공관복음서와 여러모로 구별되기에 제4복음서라고 부른다. 공관복음서에도 실제로는 개별적 특징이 많다. 네 복음서의 공통적이면서도 다양한 증언은 예수의 모습을 더 또렷하고 풍성하게 전해 준다.

역사서인 사도행전은 초기 기독교 역사를 기록한 책이다. 예수가 승천하신 후 어떻게 기독교 신앙과 교회가 전 세계로 확장되었는지 구체적인 역사 기록 속에서 보여 준다. 사도행전을 통해 신약성경, 특히 서신서들의 내용이 실제 역사 배경 위에 놓여 있음을 확인할 수 있다.

바울서신은 바울이 특정 교회나 개인에게 보낸 열세 편의 편지이다. 여행서신 여섯 권은 선교 여행길에서 쓴 것이고, 옥중서신네 권은 감옥에서 쓴 것이며, 목회서신 세 권은 제자인 디모데와디도에게 목회의 지침을 전해 준 것이다. 각 서신에는 바울이 주님께 얻은 구원의 진리와 믿음의 권고가 가득하다.

공동서신은 야고보, 베드로, 요한, 유다 등이 쓴 여덟 편의 편지다. 수신자가 불특정하기 때문에 공동적이고 일반적인 편지라고해서 붙인 이름이다. 그래서 일반서신이라고 부르기도 한다. 예전에는 히브리서를 바울이 썼다고 보는 견해가 많아서 일곱 권만 공동서신으로 분류했지만, 지금은 아니라는 입장이 강해서 여덟 권모두 공동서신으로 분류한다. 공동서신 역시 구원의 진리와 믿음의 권고들로 이루어져 있다.

예언서인 요한계시록은 사람들이 자주 오해하는 책이다. '계시록' 혹은 '묵시록'이라고 하면 판타지적인 미래를 떠올린다. 하지만 요한계시록도 신약성경에 속해 있다는 것을 잊어서는 안 된다. 다른 신약과 마찬가지로 요한계시록의 핵심 주제 역시 예수의 사랑과 구원이다. 다만 그 배경에 박해 상황이 좀 더 깊이 있게 담겨있다.

신약성경 전체에는 공통된 주제가 관통한다. '예수 그리스도의구원'이다. 이 주제는 인간에게 복된 소식이므로 '복음'이라고 부른다. 신약의 기록자들은 예수 그리스도의 복음을 세상에 알리고자 성령의 감동으로 이 책들을 썼다. 이 중 가장 먼저 기록된 책은 데살로니가전서다. 이 책이 쓰인 시기는 대략 AD 51년경으로 보는데, 예수가 승천하신 지 20년도 채 되기 전이다. 가장 나중에 기록된 책은 요한계시록으로 AD 90-100년 사이에 쓰인 것으로 보인다. 결론적으로 지금 우리 손에 들린 신약성경은 AD 51-100년 사이인 약 50년 동안 아홉 명(혹은 그 이상)의 저자가 예수와 그분의 구원에 대해 기록한 스물일곱 권의 모음이라 할 수 있다.

# 로마서정독

# 워밍업

## 로마서를 읽을 때 주의할 점

· 로마서는 편지다.

교리 해설서나 복음 입문용 교재가 아니라 말 그대로 편지다. 따라서 글쓴이와 수신자의 입장과 역사적 배경을 고려하지 않으면 겉핥기에 그칠 수 있다. 하나님은 바울의 전 인격과 생애를 사용하여 로마교회에 편지를 쓰게 하셨다.

· 로마서는 고대에 쓰인 글이다.

로마서는 2,000년 전 문화를 바탕으로 쓰였다. 까마득한 고대의 글을 21세기의 우리가 곧장 이해하기는 당연히 어렵다. 로마서는 종이와 볼펜 혹은 워드 프로그램으로 쓰이지 않았다. 양피지나 파피루스 글쓰기는 내용을 고치고 편집하기가 매우 힘들었다. 로마서의 내용이 매끄럽지 못하다는 일부 지적은 당시 글의 당연한 특징을 오해한 것이다.

· 로마서는 논설문이다.

바울은 뭔가를 열심히 설명하고 반박하면서 로마교회를 설득하려 한다. 예나 지금이나 이런 논문 형태의 글은 읽기가 어렵다.

· 로마서는 말이 바탕이 된 글이다.

바울의 구술을 더디오라는 대필자가 받아 적은 것이다(롬 16:22).

애초에 글로 시작한 글과 대필한 글은 많이 다르다. 로마서에서 돌발적으로 느껴지는 부분은 이 때문이다.

이상의 특징들이 자주 정독을 방해하지만 걸리는 부분들을 미리 알고 시작하면 의외로 명쾌한 책이 로마서다. 이 책《로마서 정독하기》가 길잡이와 도우미 역할을 해줄 것이다.

### 송신자와 수신자

로마서는 누가 누구에게 쓴 편지인가? "예수 그리스도의 종 바울"(롬 1:1)이 "로마에서 하나님의 사랑하심을 받고 성도로 부르심을 받은 모든 자에게"(롬 1:7a) 썼다. 즉 바울이 로마에 있는 다수의 신자들에게 쓴 형태이다. 하지만 바울도 혼자는 아니었다. 편지 말미에 바울의 동역자들이 죽 열거된다. 디모데, 친척 누기오, 야손, 소시바더, 바울과 온 교회를 돌보아 주는 가이오, 이 성의 재무관 에라스도와 형제 구아도 및 대필자 더디오가 함께 문안한다(롬 16:21-23). 로마서가 쓰인 후 그들은 한자리에 모여 모든 내용이 로마 성도들에게 잘 받아들여지기를 기도하고 겐그레아 교회의 일꾼 뵈뵈(롬 16:1)에게 편지를 맡겼을 것이다. 그들은 모두 바울의 제자들이었고 로마서에 나오는 그의 복음과 선교 비전에 공감하여 함께 인생을 바친 상태였다. 지금 로마서를 정독하는 우리 역시 그들과 같은 팀임을 기억하자.

글쓴이 바울은 워낙 유명해서 선입견이 많다. 이제부터 그걸 내려놓고 로마서의 내용만으로 그의 성품과 캐릭터를 다시 만나보기를 권한다. 로마서에 담긴 그의 목소리의 고저를 의식하며 읽으면 이전보다 더 생생한 바울을 만날 수 있을 것이다.

편지를 받는 '로마의 성도'들은 앞으로 '로마교회'라 명명할 것이다. 당시 로마에 살던 기독교인들은 독특한 역사를 거쳐 유대교와 분리되었고 독자적인 형태로 이미 "교회"(에클레시아, ἐκκλησία)라는 명칭을 사용하고 있었다. 바울은 로마서 말미에 브리스가와 아굴라를 언급하며 "또 저의 집에 있는 교회에도 문안하라"(롬 16:5)라고 말한다. 로마교회는 바울이 세우지 않았다. 하지만 로마서를 쓸 무렵엔 상당수의 바울 지지자가 그 교회에 있었다. 마지막 장에 이름이 언급된 26명과 그에 속한 사람들(롬 16:3-16)이 그들이다. 아마 바울은 자신의 복음과 선교에 대한 가르침을 로마교회가 기꺼이 받아들이리라 기대했던 것 같다.


**기록 시기와 장소**

성경 각권이 쓰인 시기와 장소 추정은 어렵고 논란이 많은 분야다. 하지만 로마서의 저작 시기와 장소에는 의견이 대체로 일치한다. 보통 AD 57년 경 고린도에서 쓰였다고 본다.

바울은 로마서에서 이렇게 말한다. "언제든지 서바나로 갈 때에 **너희**(로마교회)에게 가기를 바라고 있었으니 … 너희가 그리로 보내 주기를 바람이라 그러나 내가 성도를 섬기는 일로 **예루살렘**에 가노니 이는 **마게도냐**와 **아가야** 사람들이 예루살렘 성도 중 가난한 자들을 위하여 기쁘게 얼마를 연보하였음이라"(롬 15:23-26). 로마

서 저술 당시 바울은 '마게도냐와 아가야' 지역에서 예루살렘 성
도들을 위한 연보를 모았다. 아가야는 고린도를 수도로 하는 지방
이름으로 마게도냐 바로 아래 지역이다. 바울은 여기서 출발하여
'예루살렘-로마(너희)-서바나'에 이르는 여행을 계획 중이었다.

이 계획이 사도행전의 한 부분과 정확히 일치한다. "이 일이 있
은 후에 바울이 **마게도냐**와 **아가야**를 거쳐 **예루살렘**에 가기로 작
정하여 이르되 내가 거기 갔다가 후에 **로마**도 보아야 하리라"(행
19:21). 이 스케줄은 3차 선교여행 중에 나온 것으로, 2차 여행 종료
후 약 5년이 흐른 뒤였다. 2차 여행은 "갈리오가 아가야 총독 되었
을 때"(행 18:12) 마쳤는데 당시 작성된 갈리오의 비문에 따르면 이
때가 AD 52년이었다. 여기에다 5년을 더한 AD 57년이 바로 로마
서 저술을 마친 바울이 연보를 가지고 예루살렘으로 떠난 때였다.

그러면 그 출발지는 마게도냐였을까 아가야(고린도)였을까? 바울
은 로마교회에게 "내가 겐그레아 교회의 일꾼으로 있는 우리 자
매 뵈뵈를 너희에게 추천하노니 너희는 주 안에서 성도들의 합당
한 예절로 그를 영접"(롬 16:1-2)하라고 말했다. 겐그레아는 고린도의
항구 마을이고 그 지역 교회의 사역자였던 뵈뵈는 거기서 편지를
가지고 로마로 출발했음이 분명하다. 따라서 편지 작성지는 고린
도였다. 바울은 "나와 온 교회를 돌보아 주는 가이오도 너희에게
문안하고 이 성의 재무관 에라스도와 형제 구아도도 너희에게 문
안"(롬 16:23)한다고 했는데, 가이오와 에라스도 역시 고린도 출신이
다(고전 1:14; 딤후 4:20).

종합하면, 바울은 AD 57년 고린도에서 로마서를 완성한 후 뵈뵈에게 맡기고 예루살렘으로 떠난 것이 확실하다. 덧붙이면 1929년 고린도에서 발굴된 바울 시대의 비문에 "에라스도는 조영관직에 보답하여 자비로 이 도로를 놓았다"라는 문구가 새겨져 있었다. 관직명이 달라 논란이 있지만 로마서에 등장한 재무관 에라스도와 동일인물일 가능성이 있다. 재무관 다음 직급이 조영관이다.

### 로마교회의 기원

로마서의 분위기는 다른 바울서신과 조금 다르다. 바울이 로마교회의 개척자가 아니어서다. 자기가 세운 고린도교회에게 바울은 "내가 매를 가지고 너희에게 나아가랴"(고전 4:21) 하며 혼을 냈고 갈라디아교회에게는 "어리석도다 갈라디아 사람들아"(갈 3:1)라고 야단쳤다. 하지만 로마서에서 바울은 조심스러운 태도를 보인다. "내 형제들아 너희가 스스로 선함이 가득하고 모든 지식이 차서 능히 서로 권하는 자임을 나도 확신하노라 그러나 내가 너희로 다시 생각나게 하려고 … 담대히 대략 너희에게 썼노니"(롬 15:14-15).

로마에 복음이 처음 들어간 건 언제였을까? 타키투스라는 역사가는 AD 64년에 있었던 네로의 로마 기독교 박해를 기록했고 수에토니우스는 AD 49년의 크레스투스(그리스도)에 의한 유대인 소요 및 추방 사건을 기록했다. 이 기록들은 로마의 기독교 역사가 상당히 오래되었음을 시사한다. 하지만 대부분의 학자들은 로마 기독교의 기원을 밝히기 어렵다는 입장이다. 확실한 기록이나 증거가 없어서다. 그래도 사도행전에는 의미 있는 힌트가 나온다.

사도행전의 종착지는 로마다. 마지막 장을 보면 이렇다. "그래서 **우리**는 이와 같이 로마로 가니라 **그곳 형제들**이 우리 소식을 듣고 압비오 광장과 트레이스 타베르네까지 맞으러 오니 바울이 그들을 보고 하나님께 감사하고 담대한 마음을 얻으니라"(행 28:14b-15). '그곳 형제들'은 당연히 로마교회 성도들로 4년 전 바울이 보낸 로마서를 이미 읽은 상태였다. '우리'라는 주어에 글쓴이가 포함된다면 로마까지 동행했던 사도행전의 저자 누가는 로마교회로부터 그곳 기독교의 기원과 역사를 직접 들었을 확률이 높다.

그렇게 보면 또 다른 기록 하나가 눈에 들어온다. 오순절에 성령을 받은 사람들은 "성령이 말하게 하심을 따라 다른 언어들로 말하기를 시작"(행 2:4)했다. "그때에 경건한 유대인들이 천하 각국으로부터 와서 예루살렘에 머물러"(행 2:5) 있었는데 "다 놀라 신기하게 여겨"(행 2:7) 이렇게 고백했다. "우리가 우리 각 사람이 난 곳 방언으로 듣게 되는 것이 어찌 됨이냐 우리는 바대인과 메대인과 엘람인과 또 메소보다미아, 유대와 갑바도기아, 본도와 아시아, 부르기아와 밤빌리아, 애굽과 및 구레네에 가까운 리비야 여러 지방에 사는 사람들과 **로마로부터 온 나그네 곧 유대인과 유대교에 들어온 사람들**과 그레데인과 아라비아인들이라"(행 2:8-11). 누가는 총 16개 지역을 언급하면서 유독 로마에서 온 순례자만 따로 떼어 상세히 설명했다. 이건 어쩌면 사도행전의 최종 목적지로 등장할 로마교회의 기원에 대한 암시가 아닐까?

이런 추정은 로마서의 또 다른 언급에서 심화된다. 바울은 16장에서 최소 26명 이상의 사람들을 거론하며 문안을 전했다. 그중 "내 친척이요 나와 함께 갇혔던 안드로니고와 유니아에게 문안하라 그들은 **사도들에게 존중히 여겨지고 또한 나보다 먼저 그리스도 안에 있는 자라**"(롬 16:7)라는 증언이 있다. 우리가 아는 대로 바울은 다메섹 도상에서 AD 36년경에 회심했다. 오순절 사건은 전통적으로 AD 33년(학계에서는 주로 30년)인데 이로 보아 바울보다 먼저 그리스도 안에 있었던 두 사람은 지상의 첫 교회인 예루살렘교회와 관련 있어 보인다. 특히 그들이 '사도들에게 존중히 여겨졌다'는 증언에서 더욱 그렇다. 복음이 이때 로마에 도착했을 가능성은 희박하므로 로마 출신인 안드로니고와 유니아가 바울보다 먼저 그리스도 안에 있으려면 사도행전이 말하는 오순절의 예루살렘 순례객, 즉 '로마로부터 온 나그네'의 일원이었을 가능성이 높다. 만약 그렇다면 두 사람은 오순절 성령강림 후 베드로의 설교를 통해 세례를 받고 예루살렘에 머물면서 사도들의 칭찬을 얻을 만큼 열심히 섬기다가, 스데반의 순교 후 바울이 주도하는 박해가 시작되자(행 8장) 동료들과 로마로 되돌아갔을 것이다.

로마에 돌아온 그들은 당연히 유대인들에게 예수 그리스도를 전했을 것이다. 이때가 로마에 처음 복음이 전해진 순간이었다(먼저 귀환한 순례자들도 있었겠지만 일단 이 시점으로 보자). 그런데 뜻밖의 일이 발생했다. 유대인들 중 믿음을 받아들인 수용파와 거부파가 나뉘어 분쟁이 시작된 것이다. 이 갈등은 10년 넘게 진행되면서 심각한 지경에 이르렀다(대략 AD 36-49년까지). 당시 로마에는 약 5만 명의 유대인과 13개의 회당이 있었는데 이들의 분쟁은 결국 황제의 심기를 건드리고 말았다. 앞서 언급한 수에토니우스의 기록이 이를 증명한다. AD 69년생인 수에토니우스는 로마의 열두 황제들에 대한 전기를 썼는데, 4대 황제 클라우디우스 때(AD 49년) 이런 사건이 있었다고 기록한다. "크레스투스에 의해 선동되어서 유대인들이 계속 소요를 일으켰기 때문에 이들을 로마로부터 추방했다"(*De vita Caesarum, vita Claudii* 25.4).

이 사건은 사도행전의 증언과 정확히 일치한다. 2차 선교 여행 중 바울이 고린도에 갔을 때 "아굴라라 하는 본도에서 난 유대인 한 사람을 만나니 **글라우디오가 모든 유대인을 명하여 로마에서 떠나라** 한 고로 그가 그 아내 브리스길라와 함께 이달리야로부터 새로 온지라"(행 18:2)하는 진술이다. 아마 아굴라와 브리스길라 부부는 귀환 순례자들을 통해 믿은 초기 신자였던 것 같다. 하지만 신앙적 분쟁으로 모든 유대인이 추방되면서 고린도로 떠나 온 그들은 바울과 "생업이 같으므로 함께 살며 일을"(행 18:3) 하게 되었다. 어쩌면 동대문 원단 시장 같은 곳에서 처음 만났을 것이다. 부부는 곧 바울의 동역자가 되어 따라다니다 에베소에 머물렀다(행 18:18). 이후 에베소에서 "언변이 좋고 성경에 능통한"(행 18:24) 아볼로를 "데려다가 하나님의 도를 더 정확하게"(행 18:26) 풀어 줬고, 아볼로는 이 평신도 부부에게 수그리고 한 수 배웠다. 아굴라와 브리스길라 부부가 바울을 만나 복음을 더 확실히 깨달았다는 증거다.

그렇게 5년이 지난 후 클라우디우스가 죽었다(AD 54년). 이를 기점으로 추방된 유대인들은 로마로 귀환했다. 하지만 아굴라 부부 계열의 '그리스도파 유대인들'은 정통 유대인들의 거부로 회당 복귀가 녹록지 않았을 것이고 이 때문에 또 분쟁이 발생하는 것도 피하고 싶었다. 무엇보다 본인들 역시 회당 잔류(혹은 정복)를 고집할 마음이 절실하지 않았다. 바울의 복음을 통해 형식적인 율법 준수에 예전처럼 집착하지 않았고 친-이방적인 태도까지 가짐으로써 정통 유대인들과 더 큰 괴리가 생겼기 때문이다. 마침내 이들은 회당과 완전히 분리된 독자적인 기독교 공동체를 세우고 이방인들도 받아들이기 시작했다. 이 포교는 크게 성공하여 바울이 로마서를 쓸 무렵인 3년 뒤에는 이방인 교인들의 수가 유대인들을 능가했던 것 같다(롬 1:5-6; 11:13 등 참조).

하지만 이게 다는 아니다. 유대인들이 추방된 이후에 여전히 로마에 남아 있던 또 다른 기독교인들이 있었다. 사도행전이 말한 "로마로부터 온 나그네 곧 유대인과 유대교에 들어온 사람들"(행 2:10) 중 "유대교에 들어온 사람들"이었다. 흔히 '개종자'(프로셀뤼토스, προσήλυτος)라고 불리는 이들은 이방인이지만 할례를 통해 유대인으로 인정받은 자들인데, 매우(심지어 유대인들보다) 율법적인 사람들이었다. 로마서의 심연을 보려면 이들을 염두에 둬야 한다('더 깊이 읽기: 로마교회의 갈등하는 두 그룹' 참고). 로마서를 깊이 읽으시려는 분들께는 흥미로운 심화 과정이 될 것이다.

## 로마서의 논지

어떤 주장을 담은 논설문은 대개 다음과 같은 특성이 있다. 첫째, 양괄식 구성이다. 서론에서 자기의 주장과 목표를 소개하고 결론에서 이걸 반복한다. 즉 수미상관식이다. 둘째, 중요한 개념의 반복이다. 중요한 내용은 반복될 수밖에 없다. 국정 연설이 마치면 기자들은 가장 많이 반복된 단어나 문장을 거론하며 논평한다.

이런 특성을 로마서에 적용하면 네 가지 뚜렷한 특징이 나타난다. 이들을 창문으로 삼고 로마서를 스캔해 보자. 로마서의 모습과 구조가 드러날 것이다. 그 넷은 다음과 같다.

| 로마서의 네 가지 핵심 문구 |
|---|
| ・견고하게 하다(롬 1:11; 16:26), 2회 |
| ・모든 믿는 자(롬 1:16, 3:22, 4:11, 10:4, 11), 5회 |
| ・먼저는 유대인에게요 그리고 헬라인에게(롬 1:16; 2:9, 20; 3:9; 10:12), 5회 |
| ・그럴 수 없느니라(롬 3:4, 6, 31; 6:2, 15; 7:7, 13; 9:14; 11:1, 11), 10회 |

・ **견고하게 하다**(스테리조, στηρίζω)

이 말이 담긴 문장은 로마서의 시작과 끝을 정확히 감싼다. 이른바 양괄식 구성이다.

| 시작 | 끝 |
|---|---|
| 내가 너희 보기를 간절히 원하는 것은 어떤 신령한 은사를 너희에게 나누어 주어 **너희를 견고하게** 하려 함이니(롬 1:11) | **너희를 견고하게** 하기에 능하신 그분께 (롬 16:25, 사역) |

이를 바탕으로 로마서 전체를 조망하면 다음과 같다.

| 로마서 | | |
|---|---|---|
| 서론<br>(롬 1:1-15) | 본론<br>(롬 1:16-15:33) | 결론<br>(롬 16:1-27) |
| 내가 너희 보기를 간절히 원하는 것은 **어떤 신령한 은사**를 너희에게 나누어 주어 **너희를 견고하게** 하려 함이니(롬 1:11). | 어떤 신령한 은사(롬 1:11) | **나의 복음**과 **예수 그리스도를 전파함**으로 능히 **너희를 견고하게** 하시는 그분께<br>(롬 16:25, 사역) |
| | 나의 복음(롬 16:25)<br>=바울의 복음 | 예수 그리스도를 전파함(롬 16:25)<br>= 바울의 선교 | |
| | 전반부<br>(롬 1-8장) | 후반부<br>(롬 9-15장) | |

바울은 로마교회를 견고하게 하려고 했다. 이를 위해 그는 로마교회에 "어떤 신령한 은사"(롬 1:11), 곧 영적인 선물을 주기 원했다. 그 선물의 정체는 편지 말미에 "나의 복음"과 "예수 그리스도를 전파함"(롬 16:25)으로 드러난다. 따라서 로마서의 핵심은 이 둘, 즉 "바울의 복음"과 "바울의 예수 전파"(곧 선교)이다. 바울은 이 둘로써 로마교회를 견고하게 하려 했다. (참고로 개역개정판에서는 '견고하게 한다'는 표현이 16장 26절에 나오는데 원문에서는 25절에 포함된다. 178쪽에 이 구절 전체를 번역해 놓았다.) '견고하게 하다'(스테리조)는 성경 전체에 총 13번 나오는데 개역개정은 보통 '굳건하게 하다'로 번역했다(눅 22:32; 행 18:23; 딤전 3:2,13; 딤후 2:17; 3:33; 약 5:8 등).

바울은 로마서의 목적을 서론과 결론에서 명확히 밝힌다. '바울의 복음'과 '바울의 선교'를 통해 굳세고 견고한 로마교회를 만들려 한 것이다. 이것이 로마서 전체의 뼈대요 기본 설계도다.

요약: 바울은 '어떤 영적인 선물'을 로마교회에 주려 했다. 그것은 '바울의 복음'과 '바울의 선교'였다. 이 두 가지가 로마교회를 견고하게 할 것이다.

- 모든 믿는 자(파스 호 피스튜온, πᾶς ὁ πιστεύων)

이 표현은 로마서에 총 다섯 번 나온다(다른 서신에도 두 번 더 나오는데 모두 바울의 것이다. 살전 1:7; 살후 1:10). 이 구절들을 한곳에 모아 보면 다음과 같다.

| 성경구절 | 대상 | 조건 | 결과 |
|---|---|---|---|
| 이 복음은 **모든 믿는 자**에게 구원을 주시는 하나님의 능력이 됨이라 먼저는 유대인에게요 그리고 헬라인에게로다(롬 1:16). | 모든 자 유대인도 헬라인도 | 믿는 자 | 구원 |
| 곧 예수 그리스도를 믿음으로 말미암아 **모든 믿는 자**에게 미치는 하나님의 의니 차별이 없느니라(롬 3:22). | 모든 자 차별이 없음 | 믿는 자 | 하나님의 의 |
| 이는 무할례자로서 **믿는 모든 자**의 조상이 되어 그들도 의로 여기심을 얻게 하려 하심이라 (롬 4:11). | 모든 자 무할례자도 | 믿는 자 | 의로 여기심 |
| 그리스도는 **모든 믿는 자**에게 의를 이루기 위하여 율법의 마침이 되니라(롬 10:4). | 모든 자 | 믿는 자 | 의를 이룸 |
| 성경이 말하기를 그분을 **믿는 모든 자**는 부끄러움을 당하지 아니할 것이다 하니 왜냐하면 유대인이나 헬라인이나 차별이 없기 때문이다 (롬 10:11-12, 사역). | 모든 자 유대인도 헬라인도 차별이 없음 | 믿는 자 | 부끄러움 안 당함 |

바울의 복음은 '모든 믿는 자'를 '구원'하는 능력이다. 여기서 세 가지 사실이 드러난다. 첫째, 구원의 대상은 '모든 자'이다. 따라서 '유대인이나 헬라인이나'와 '차별이 없다'는 표현이 자주 뒤따른 다. 둘째, 구원의 조건은 '믿는 자'이다. 오직 예수를 향한 믿음이 다(롬 1:2-4). 셋째, 이로써 죄인은 '의'와 '구원'을 얻는다. 이 특징들 은 바울 복음의 핵심이 '누구든지 예수를 믿으면 구원을 얻음'이 라는 걸 보여 준다.

요약: 복음은 모든 자를 위한 것이다, 유대인도 헬라인도. 복음은 믿는 자를 위 한 것이다, 오직 예수를. 누구든지 예수를 믿으면 구원을 얻는다, 아무 차별 없이.

• 먼저는 유대인에게요 그리고 헬라인에게(유다이오스 테 프로토스 카이 헬렌, Ἰουδαî ος τε πρῶτος καί Ελλην)

당시 유대인들은 자기 민족을 중심으로 온 인류를 유대인과 헬 라인(즉 이방인)으로 나눴다. 이 표현은 신약성경에 총 아홉 번 나오 는데 다섯 번이 로마서에 집중된다(나머지는 행 19:10,17; 20:21; 고전 1:24).

3장 9절과 10장 12절에는 '먼저는'(프로토스, πρῶτος)이라는 말이 빠 졌을 뿐 동일하게 '테-카이'(A τέ … καί B) 형태의 구문이다. 이 용법 은 'A뿐 아니라 B도'의 뜻으로 쉽게 말해 '유대인도 헬라인도' 다 똑같다는 표현이다. 이들을 한자리에 모으면 다음과 같다.

| 성경구절 | 대상 | 조건 | 결과 |
|---|---|---|---|
| 이 복음은 모든 믿는 자에게 구원을 주시는 하나님의 능력이 됨이라 **먼저는 유대인에게요 그리고 헬라인에게로다**(롬 1:16). | 누구든지 유대인이나 헬라인이나 | 믿는 자 | 구원 |
| 악을 행하는 각 사람의 영에는 환난과 곤고가 있으리니 **먼저는 유대인에게요 그리고 헬라인에게며**(롬 2:9). | 누구든지 유대인이나 헬라인이나 | 악인 | 벌 |
| 선을 행하는 각 사람에게는 영광과 존귀와 평강이 있으리니 **먼저는 유대인에게요 그리고 헬라인에게라**(롬 2:10). | 누구든지 유대인이나 헬라인이나 | 선인 | 복 |
| 그러면 어떠하냐 우리는 나으냐 결코 아니라 **유대인이나 헬라인이나** 다 죄 아래에 있다고 우리가 이미 선언하였느니라(롬 3:9) | 누구든지 유대인이나 헬라인이나 | 사람 | 죄 아래 있음 즉 악인 |
| 성경이 말하기를 그분을 **믿는 모든 자**는 부끄러움을 당하지 아니할 것이다 하니 왜냐하면 **유대인이나 헬라인이나** 차별이 없기 때문이다 (롬 10:11-12, 사역). | 누구든지 유대인이나 헬라인이나 | 믿는 자 | 부끄러움 안 당함 |

요약: 누구든지 악인이면 벌을 받고 선인이면 복을 받는다. 사람은 누구든지 악인이다. 하지만 누구든지 예수를 믿으면 구원을 얻는다.

- 그럴 수 없느니라(메 게노이토, μὴ γένοιτο)

강한 부정을 나타내는 이 말은 성경에 총 15번 나오는데 그중 열 번이 로마서다(개역개정은 3장 6절을 "결코 그렇지 아니하니라"로 번역했으나 원문은 동일함). 바울은 논의를 이어 가다 누군가의 반박 가능성이 느껴지면 이 표현을 사용했다. 로마서에 있는 총 여덟 개의 "그럴 수 없느니라" 구절에서는 세 가지 논쟁 상황이 나타난다(나머지 두 구절 3장

4절과 6절은 '로마서의 세 가지 암초'에서 다룬다). 정리하면 아래와 같다.

| 죄와 은혜 논쟁 | 율법 파기 논쟁 | 이스라엘 선교 논쟁 |
|---|---|---|
| 그런즉 우리가 무슨 말을 하리요 은혜를 더하게 하려고 죄에 거하겠느냐 그럴 수 없느니라 죄에 대하여 죽은 우리가 어찌 그 가운데 더 살리요 (롬 6:1-2). | 그런즉 우리가 믿음으로 말미암아 율법을 파기하느냐 그럴 수 없느니라 도리어 율법을 굳게 세우느니라(롬 3:31) | 기록된 바 내가 야곱은 사랑하고 에서는 미워하였다 하심과 같으니라 그런즉 우리가 무슨 말을 하리요 하나님께 불의가 있느냐 그럴 수 없느니라 (롬 9:13-14) |
| | 그런즉 우리가 무슨 말을 하리요 율법이 죄냐 그럴 수 없느니라 율법으로 말미암지 않고는 내가 죄를 알지 못하였으니 (롬 7:7) | 그러므로 내가 말하노니 하나님이 자기 백성을 버리셨느냐 그럴 수 없느니라 나도 이스라엘인이요 아브라함의 씨에서 난 자요 베냐민 지파라(롬 11:1) |
| 그런즉 어찌하리요 우리가 법 아래에 있지 아니하고 은혜 아래에 있으니 죄를 지으리요 그럴 수 없느니라(롬 6:15). | 그런즉 선한 것(율법)이 내게 사망이 되었느냐 그럴 수 없느니라 오직 죄가 죄로 드러나기 위하여 선한 그것으로 말미암아 나를 죽게 만들었으니 (롬 7:13) | 그러므로 내가 말하노니 그들이 넘어지기까지 실족하였느냐 그럴 수 없느니라 그들이 넘어짐으로 구원이 이방인에게 이르러 이스라엘로 시기나게 함이니라(롬 11:11) |
| 반박: 죄를 지을수록 은혜가 더 한다니 계속 죄짓자.<br><br>답변: 그럴 수 없다. 우리는 죄에 대해 죽었다. | 반박: 율법으로 구원을 못 받으니 율법을 버리자.<br><br>답변: 그럴 수 없다. 율법은 죄와 달리 선하다. | 반박: 야곱을 택하시고 에서를 미워하신 하나님이 불의하시냐?<br><br>답변: 그럴 수 없다. 하나님은 자기 백성(야곱)을 안 버리셨다. |

이 표는 총 세 가지의 논쟁 상황을 보여 준다.

첫째, '죄와 은혜' 논쟁이다. 바울이 복음을 설명하면서 죄인이 은혜를 받는다고 하자, 어떤 자들이 '그럼 은혜를 받으려고 계속 죄를 지어야겠네'라고 반박했다. 바울은 '그럴 수 없다'고 외친 후 성도는 '죄에 대해 죽었다'고 6장에서 설명한다(롬 6:11).

둘째, '율법 파기' 논쟁이다. 율법으로 구원을 못 받는다고 하자, 어떤 이들이 '그럼 율법도 버려야겠네'라고 반박했다. 바울은 '그럴 수 없다'고 외친 후, 믿는 자가 율법에서 해방되었지만(롬 7:6) 율법은 죄와 달리 선한 것이므로 버리면 안 된다고 7장에서 설명한다. 6장과 7장에 나오는 이 두 논쟁은 3장에서 잠깐 미리 등장했다가 곧 사라진다(롬 3:8; 3:31). 이 작은 이탈이 독자를 당황하게 만든다. 하지만 이 돌발이 일종의 예고편이고 6장과 7장에서 정식으로 다룰 주제임을 미리 알면 길을 잃지 않고 정주행할 수 있다('로마서의 세 가지 암초' 참고).

셋째는 '이스라엘 선교 논쟁'이다. 바울은 9장부터 '유대인'의 구원 문제를 부각시킨다. 이것은 바울의 복음이 유대인의 위상을 깎아내리고 그들의 구원 가능성을 축소시킨다는 오해를 상쇄시키기 위해 나온 이야기다.

로마서 전반부(롬 1-8장)에서 바울은 모든 사람, 즉 유대인도 이방인도 차별 없이 구원받는다고 전했다. "하나님은 다만 유대인의 하나님이시냐 또한 이방인의 하나님은 아니시냐 진실로 이방인의 하나님도 되시느니라"(롬 3:29). 이방인들은 이 선포가 반갑지만 유대인의 선민의식은 상처입을 수밖에 없다. 따라서 8장까지의 분위기는 이방인의 어깨가 으쓱하고 유대인들이 주눅 든 상태다.

하지만 9장부터 분위기가 바뀐다. 바울은 이런 오해를 종식시키려고 유대인의 구원에 집중한다. "나의 형제 골육의 친척을 위하여"(롬 9:3) 고민하면서, "하나님이 자기 백성을 버리셨느냐 그럴 수 없느니라 나도 이스라엘인이요 아브라함의 씨에서 난 자"(롬 11:1)라고 외친다. 이 모두는 유대인들이 소외된 듯한 상황을 해소하려는 노력이다. 유대인들이 버림받은 것 같은 분위기가 형성되자 바울은 균형을 잡으려고 '야곱과 에서' 및 '토기장이 비유'를 꺼낸다. 흔히 이 말씀을 하나님의 임의적인 선택과 주권 강조로 해석한다. 사실은 그와 반대다. 오히려 하나님의 주권 포기와 모든 이를 품으시는 사랑이 핵심이다. 천히 쓸 진노의 그릇(이방인)도 "오래 참으심으로 관용하시고"(롬 9:22), 영광의 그릇(유대인)으로 귀히 만들었지만 현재는 버려진 것 같은 유대인도 다시 "긍휼의 그릇"(롬 9:23)으로 구원하신다. 그래서 바울은 곧이어 이방인들에게 "그 가지(유대인)를 향하여 자랑하지 말라"(롬 11:18)고 꾸짖은 것이다.

이 모두는 이미 살펴 본 로마서의 특징과 정확히 일치한다. 복음은 '모든' 믿는 자를 구원하시는 능력이고 '유대인도 헬라인도' 그 누구도 '차별이 없다'는 것이 핵심이기 때문이다.

요약: 바울의 복음은 필연적으로 이상의 세 가지 논쟁을 야기한다. 모든 죄인이 오직 믿음으로만 구원을 얻는다면 '죄를 관용하자는 말이냐', '율법은 버리자는 말이냐', '유대인들은 선민이 아니란 말이냐'라고 따질 수밖에 없다. 이에 대한 답변이 '그럴 수 없느니라'다.

## 로마서의 세 가지 암초

로마서를 읽다 보면 흐름이 끊기는 곳들이 있다. 혹자는 이런 부분들로 인해 로마서가 일관성이 약하다고 지적하지만 오해다. 이미 밝힌 대로 로마서는 바울의 연설이 모체이다. 연설은 글과 달리 잠시 논지의 흐름을 벗어날 때가 있다. 잘 활용하면 청중에 게 색다른 긴장을 주기 때문이다. 물론 제자리를 못 찾아 산으로 가기도 한다. 하지만 잠시 샛길로 나간 이야기가 정확히 돌아오고 뒤에서 새로운 주제와 결합될 때 청중은 오히려 감동과 깨달음을 얻는다. 이런 연설은 지루한 평론이나 교장 선생님 식 훈화보다 훨씬 역동적이고 정교하다.

로마서가 그렇다. 돌발적인 부분이 있지만 결코 산으로 가지 않 는다. 정확히 제자리로 돌아오고 곧이어 정교한 그림으로 되살아 난다. 이제 로마서 안에서 이런 부분들을 살펴보자.

• 첫 번째 암초(롬 3:1-8)

이 단락은 로마서의 거대한 암초이다. 1-2장에서 잘 진행되던 흐름이 3장에 들어오면서 뚝 끊기기 때문이다. 하지만 이 암초를 제대로 이해하면 로마서의 통일성에 감탄하게 된다.

이 구절 직전에 바울은 가식적인 유대인 계통들을 야단치고 있었다. "하나님의 이름이 너희 때문에 이방인 중에서 모독을 받는도다"(롬 2:24). 그래서 "표면적 유대인이 유대인이 아니요 … 할례는 마음에 할지니"(롬 2:28-29)라는 질책으로 2장을 끝냈다. 그런데 3장에서 질책이 칭찬으로 바뀐다. "그런즉 유대인의 나음이 무엇이며 할례의 유익이 무엇이냐"(롬 3:1). 2장의 발언에 심기가 불편해진 유대인들을 달래 줄 필요가 있어서다. 하지만 그렇게 나온 유대인의 '나음'은 더 이상 언급되지 않는다.

대신 엉뚱한 이야기가 이어진다. 3장 3-5절에서 바울은 인간의 '불신'과 하나님의 '미쁘심'(곧 신실하심), 인간의 '거짓'과 하나님의 '참되심', 인간의 '불의'와 하나님의 '의'를 대립시킨다. 그리고 인간에게는 심판이 마땅하다는 결론을 내린다(롬 3:6). 그런데 7절에 이르러 바울은 인간의 '거짓말'(프슈스마, ψεῦσμα, 본래 뜻은 '거짓됨')과 하나님의 '참되심'(알레테이아, ἀλήθεια, 본래 뜻은 '진리')을 다시 대립시키면서 다른 결과를 말한다. 이번에는 "어찌 심판을 받으리요"라는 말로 심판받지 않음을 강조한 것이다. 이 수수께끼 같은 진술은 8절에서 또 한 번 돌변한다. "그러면 선을 이루기 위하여 악을 행하자 하지 않겠느냐 어떤 이들이 이렇게 비방하여 우리가 이런 말을 한다고 하니 그들은 정죄받는 것이 마땅하니라"(롬 3:8).

도대체 바울은 무슨 말을 하고 싶은 걸까? 이상과 같은 난해함 때문에 의욕 넘치던 로마서 정독은 슬며시 통독으로 바뀐다. 로마서 전체가 미궁처럼 느껴지기도 한다. 이제부터 간략하지만 명확하게 이 단락의 실체를 알려 드리겠다.

우선 로마서 전체 흐름에서 3장 1-8절은 완전히 분리된 조각이다. 따라서 이 부분을 과감히 빼고 2장 끝(롬 2:29)에서 곧장 3장 9절로 넘어가면 모든 이야기가 정확히 이어진다. 1-2장까지의 내용은 이방인도 죄를 지어 심판받고(롬 1:18-32) 유대인도 죄를 지어 심판받는다는 것이다(롬 2:1-29). 이 주장이 "유대인이나 헬라인이나 다 죄 아래에 있다 … 의인은 없나니 하나도 없으며"(롬 3:9-10)라는 선언으로 일차 완성된다. 이 사상은 "모든 사람이 죄를 범하였으매 하나님의 영광에 이르지 못하더니 그리스도 예수 안에 있는 속량으로 말미암아 하나님의 은혜로 값없이 의롭다 하심을 얻은 자 되었느니라"(롬 3:23-24)에서 완전한 결말에 이른다.

그러면 이 사이에 왜 함정 같은 3장 1-8절이 끼어 있을까? 사실 이 부분은 바울이 설명하는 복음의 전체 밑그림이면서 앞으로 로마서가 진행될 방향을 미리 보여 주는 예고편이다. 이 단락은 총 세 조각으로 이뤄져 있다.

첫째 조각은 3장 1-2절이다. 여기에 갑자기 '유대인의 나음'이 등장한 것은 이미 살펴본 대로 방금 전 유대인을 너무 비하했기 때문이다. 하지만 꺼내고 보니 너무 일렀다. 뒤에 9장에 가서 심도

깊게 논할 주제였기 때문이다. 그래서 이 꺼내다 만 '유대인의 나음'이라는 주제는 9장 4-5절에서야 구체적인 여덟 가지로 나열된다. 그리고 이방인들로 유대인들에게 교만하지 말라는 경고(롬 11:18)로 이어져 마침내 "이스라엘이 구원을 받으리라"(롬 11:26)로 마무리된다.

둘째 조각은 3장 3-7절이다. 언뜻 복잡해 보이지만 이 부분에는 패턴이 있다. 하나님과 인간 사이 네 쌍의 대립이다. 먼저 아래의 표를 보라.

| 인간의 악 | 하나님의 선 |
| --- | --- |
| 불신(3절) | 미쁘심(신실하심)(3절) |
| 거짓말쟁이(4절) | 참되심(4절) |
| 불의함(5절) | 의로우심(5절) |
| 마땅한 결과:<br>이런 인간들에게 진노와 심판이 마땅하다(5-6절) | |
| 거짓됨(7절) | 진리(7절) |
| 바뀐 결과:<br>그럼에도 심판을 안 받게 된다.<br>하나님의 참되심이 더 풍성하여졌기 때문이다(7절) | |

인간은 악하고 하나님은 선하시다. 따라서 인간이 심판받는 것은 당연하다. 바울은 "[인간에게] 진노를 내리시는 하나님이 불의하시냐 결코 그렇지 아니하니라"(롬 3:5b-6)라는 선언을 일차적으로 던진다. 하지만 복음은 이 당연한 원칙을 뛰어넘는다. 하나님께서

마땅히 심판하셔야 할 거짓된 인간에게 그의 진리를 더욱 '풍성히 주셔서'(페릿슈오, περισσεύω) 자신의 '영광'(독사, δόξα)을 나타내기로 결정하셨기 때문이다(롬 5:15; 6:4). 이것은 인간이 죄인이어서 얻은 은혜이다. 여기에 복음의 실체가 있다. 복음은 아이러니와 반전이다. 인간의 악이 본래 저주와 심판을 불러와야 마땅한데 결과적으로 하나님의 선한 은혜를 불러왔기 때문이다.

그래서 마지막 조각인 3장 8절이 나온 것이다. 바울의 반전의 복음을 듣고 삐딱한 자들은 이렇게 비아냥거렸다. '악한 죄인이 선한 은혜를 얻는다고? 그럼 선을 이루기 위해서 악을 행해야겠네.' 바울은 평소 이런 반박을 많이 받았다. 그래서 복음의 역설적 측면을 언급하다가 이렇게 외친 것이다. "또는 그러면 선을 이루기 위하여 악을 행하자 하지 않겠느냐 어떤 이들이 이렇게 비방하여 우리가 이런 말을 한다고 하니 그들은 정죄받는 것이 마땅하니라"(롬 3:8).

하지만 이상의 모든 개념을 정식으로 꺼내기에는 아직 일렀다. 바울은 지금 '세속의 이방인'(1장)도 '외식적인 유대인 계통'(2장)도 모두 죄인이라는 이야기를 하던 중이었다. 따라서 잠시 맥락에서 비껴 나와 보여 준 모든 개념들을 과감히 끊고 다시 본래의 논지로 돌아갔다. "그러면 어떠하뇨 우리는 나으냐 결코 아니라 유대인이나 헬라인이나 다 죄 아래에 있다고 우리가 이미 선언하였느니라"(롬 3:9)로 말이다. 따라서 다시 말하지만 이 큰 암초 같은 단락은 일단 가볍게 읽고 지나가면 된다. 어차피 1-2절은 9장 4-5절에서, 3-7절은 전체적인 복음 설명 속에서, 마지막 8절은 6장에서 자세히 다뤄질 일종의 예고편이기 때문이다.

• 두 번째 암초(롬 3:31)

바울은 여기서 갑자기 '율법 파기' 문제를 꺼낸다. "그런즉 우리가 믿음으로 말미암아 율법을 파기하느냐 그럴 수 없느니라 도리어 율법을 굳게 세우느니라"(롬 3:31). 이는 직전 구절인 "할례자도 믿음으로 말미암아 또한 무할례자도 믿음으로 말미암아 의롭다 하실 하나님은 한 분이시니라"(롬 3:30)와 비교적 잘 연결된다. 하지만 "율법을 굳게 세우느니라"(롬 3:31) 하고 선언한 바울은 왜 율법을 굳게 세워야 하는지 설명하지 않고 곧장 아브라함 이야기(롬 4장)로 가버린다. 전장에서 이미 살펴본 대로 이 율법 파기 문제는 나중에 7장에서 본격적으로 다룰 주제이므로, 이 구절도 일종의 예고편으로 보고 안심하고 넘어가도 된다.

이런 부분들은 아마 연설을 통해 로마서를 대필시키던 바울이 뒤에 언급할 주제가 떠오를 때마다 스스로에게 각인시킨 흔적일 것이다.

• 세 번째 암초(롬 5:1-11)

이 암초는 덩어리가 꽤 크다. 아브라함이 믿음으로 의를 얻었다는 4장 전체의 내용이 5장의 첫 구절 "그러므로 우리가 믿음으로 의롭다 하심을 받았으니 … 하나님과 화평을 누리자"(롬 5:1) 하는 선언과 어느 정도 연결되는 것 같다. 문제는 그 다음에 이어지는 '환난, 인내, 소망'(롬 5:3-4)이라는 개념과 '성령'(롬 5:5), 그리고 '그리스도를 통한 하나님의 사랑의 확증'(롬 5:8)이 다소 돌발적이어서 전체 흐름을 혼란스럽게 한다.

바울은 지금 '오직 믿음으로 누구나 의롭다 하심을 얻는다'에 집중하고 있다. 이를 위한 증거 예화가 4장의 아브라함 이야기다. 이어서 바울은 아담 이야기(롬 5:12-21)를 두 번째 예화로 사용할 계획이었다. 이 두 예화 후에도 넘어야 할 산이 많았다. 바울의 복음에 필연적으로 제기되는 반박들, 즉 죄와 은혜 논쟁, 율법 파기 문제 등을 6장과 7장에서 논해야 했다. 환난, 인내, 소망, 성령, 하나님의 사랑이란 개념은 이 모든 논박을 다 거친 후 복음으로 마침내 하나님의 자녀가 된 자들의 삶에 비로소 적용될 개념들이다.

이 모두는 8장에 이르러서야 제대로 등장한다. 믿는 이는 성령을 통해 "하나님의 자녀"(롬 8:16) 더 나아가 "그리스도와 함께한 상속자"(롬 8:17a)가 되고 이 "영광을 받기 위하여 고난도 함께 받아야 할 것"(롬 8:17b)이라고 말이다. 나아가 "소망으로 구원을 얻었으매 … 참음으로 기다릴지니라"(롬 8:24-25)가 나오고('참음'은 5장 3절의 '인내'와 같은 단어인 휘포모네 ὑπομονή이다) 결국 이 모든 상황에도 불구하고 "우리를 우리 주 그리스도 예수 안에 있는 하나님의 사랑에서 끊을 수 없다"(롬 8:39)는 선언에서 절정을 이룬다.

이런 차원에서 5장 1-11절은 다시 8장의 예고편 역할을 하고 있음을 확인할 수 있다. 크게 도드라진 암초 역할은 하지 않지만 이 단락이 8장의 내용과 겹친다는 걸 알면 로마서 전체를 이해하는 데 도움이 되고 전체적인 통일성이 더욱 선명해진다.

| 첫 번째 암초<br>(롬 3:1-8) | | | 두 번째 암초<br>(롬 3:31) | 세 번째 암초<br>(롬 5:1-11) |
|---|---|---|---|---|
| 유대인의 나음 문제(1-2절) | 인간의 악함과 하나님의 선하심의 대비, 그리고 은혜의 신비(3-7절) | 죄와 은혜 문제 (8절) | 율법 파기 문제 | 환난, 인내, 소망 (3-4절), 성령(5절), 그리스도를 통한 하나님의 사랑의 확증(8절) |
| 9장 4-5절의 예고편 | 로마서 전체에서 설명 | 6장의 예고편 | 7장의 예고편 | 8장의 예고편 |
| 그 외의 작은 암초들<br>(연설문의 특징이 보이는 단락들) | | | | |
| 어색함 | | | 더 매끄러움 | |
| 롬 2:1, 2, 3<br>롬 7:24, 25a, 25b<br>롬 10:13, 14, 15a, | | | 롬 2:3, 1, 2<br>롬 7:24, 25b, 25a<br>롬 10:15a, 14, 13 | |

# 서론

우리는 로마서 정독에 필요한 전체 얼개와 열쇠들을 이미 확보했다. 시작에서 바울은 "어떤 신령한 은사"(롬 1:11)로, 끝에서는 "나의 복음과 예수 그리스도를 전파함"(롬 16:25)으로 로마교회를 "견고하게"(롬 1:11; 16:25) 하기 원했다. 이 양괄식 구성은 로마서가 '바울의 복음'과 '바울의 예수 전파'(곧 선교)에 대한 내용임을 보여 준다. 로마서는 시작(롬 1:1-15)과 끝(롬 16:1-27) 부분을 사이에 두고 본론 전반부에서는 '바울의 복음'을(롬 1:16-8:39), 후반부에서는 '바울의 선교'를 집중적으로 다룬다(롬 9-15장). 이를 약도 삼아 로마서 내부를 본격 탐험해 보자.

| 로마서 | | |
|---|---|---|
| **서론**<br>(롬 1:1-15) | **본론**<br>(롬 1:16-15:33) | **결론**<br>(롬 16:1-27) |
| | 어떤 신령한 은사(롬 1:11) | |
| 내가 너희 보기를 간절히 원하는 것은 **어떤 신령한 은사**를 너희에게 나누어 주어 **너희를 견고하게** 하려 함이니<br>(롬 1:11) | 나의 복음(롬 16:25)<br>= 바울의 복음 | 예수 그리스도를 전파함(롬 16:25)<br>= 바울의 선교 | **나의 복음**과 **예수 그리스도를 전파함**으로 능히 **너희를 견고하게** 하시는 그분께<br>(롬 16:25, 사역) |
| | 전반부<br>(롬 1-8장) | 후반부<br>(롬 9-15장) | |

서론은 편지의 '인사 형식'을 갖추고 있다. "예수 그리스도의 종 바울"(롬 1:1)은 "로마에서 … 성도로 부르심을 받은 모든 자에게 … 은혜와 평강"(롬 1:7)을 빌고 감사의 말(롬 1:8)을 전한다. 동시에 "내가 여러 번 너희에게 가고자 한 것을 너희가 모르기를 원하지 아니"(롬 1:13)하고 "어떻게 하든지 … 너희에게 나아갈 좋은 길 얻기를 구하노라"(롬 1:10)라고 하며 직접 대면하고 싶은 열망을 전한다. 고대나 지금이나, 순서에 차이는 있지만 대개 이런 식으로 편지가 시작한다. 하지만 바울은 여기에 세 가지를 덧붙여 앞으로 펼칠 자신의 의도를 예열시킨다.

### 바울과 로마교회의 정체성(롬 1:1-7)

1장 1절에서 바울은 다음 3단계로 자신을 소개한다.

- 예수 그리스도의 종

- 사도로 부르심을 받음

- 하나님의 복음을 위해 택정하심을 입음


**예수 그리스도의 '종'**(둘로스, δοῦλος, 노예)이라는 말에는 겸손과 자부심이 공존한다. 종은 주인의 소유물로서, 바울은 자기의 모든 권한이 오직 예수께만 있음을 고백한다. 오늘날 예수를 주인이라 하면서 자신의 '노예 됨'을 인식하지 못하고 도리어 호령하는 교인이 얼마나 많은가? 물론 종이 항상 비참하지는 않다. 주인의 위치에 따라 그 위상이 올라간다. 당시 '황제의 종' 같은 표현은 엄청난 명예였다. 바울은 자기의 주인이 얼마나 대단한 분인지 함께 설명한다. 바울의 주인인 예수는 "육신으로는 다윗의 혈통에서 나셨고 성결의 영으로는 … 하나님의 아들로 선포"(롬 1:4)되셨다. 이 하나님의 아들 예수에 대해 "선지자들을 통하여 … 성경에 미리 약속하신"(롬 1:2) 것이 복음이다. 따라서 그분의 종이 되어 복음을 맡은 바울의 명예는 엄청나다. 주인인 예수가 곧 하나님의 아들이기 때문이다.

그래서 '종'은 **사도**(아포스톨로스, ἀπόστολος)라는 용어로 치환된다. 사도는 특별한 사명을 위해 파송된 자다. 일반 사회에서도 그랬지만 당시 교회에서 이 명칭은 엄청난 권위였다. 예수께서 직접 "열둘을 택하여 사도라"(눅 6:13) 칭하셨기 때문이다. '열둘' 출신이 아니었던 바울은 평생 이 명칭을 두고 다투었다(고전 9:2; 15:9-10 등).

그가 사도로 부르심 받은 이유는 '복음을 위해서'였다. 한마디로 **하나님의 복음을 위해 택정함을 입었다**(아포리조, ἀφορίζω). 아포리조는 '따로 구별한다'는 뜻인데 성경에서 이 단어가 복음 전파와 연관되면 항상 바울이 함께 등장한다(행 13:2; 롬 1:1; 갈 1:15). 그의 특별한 사명은 구체적으로 "모든 **이방인** 중에서 믿어 순종하게"(롬 1:5) 하는 것이었다. 여기서 바울의 의도가 드러난다. 바울이 받은 '사도'직과 '택정함'은 이방인을 위한 것이고 로마교회는 "너희도 그들(이방인) 중에서 예수 그리스도의 것으로 부르심을 받은 자"(롬 1:7)였다. 그러므로 바울은 그들에게 복음을 전할 자격이 있다. 그의 사명이 애초에 이방인을 위한 것이었기 때문이다.

따라서 중요한 윤곽이 하나 잡힌다. 바울은 편지의 일차 대상이 이방인이라고 밝힌다. 이것은 당시 로마교회에 유대인보다 이방인이 더 많았음을 의미한다. 처음에 유대인 중심으로 시작했지만 추방의 역사(AD 49-54)를 겪고 3년 만에 이방인 다수의 교회로 변했다. 당연히 많은 사연과 갈등이 혼재했을 것이다. 바울은 여기에 어떤 답을 주고 싶었다. 하지만 막무가내로 개입할 수는 없었다. 로마교회는 자기가 세운 곳이 아니었기 때문이다. 비록 자기 지지자들이 그 안에 있었지만 그래서 더욱 조심스러웠던 것 같다.

이런 상황에서 바울은 자기가 이방인을 위한 사도로 부름받았음과 동시에 그들이 이방인 다수의 교회임을 자각시킴으로써 말할 명분을 조심스럽게 챙기기 시작했다. 그는 로마교회를 "성도로 부르심을 받은 모든 자"(롬 1:7)라고 불렀는데, 성도라는 명칭은 '거룩한'(하기오스, ἅγιος)에서 왔으나 당시 교회의 직분자와 일반 신자를 구분할 때 사용되었고(빌 1:1), 공급과 돌봄이 필요한 존재로 여겨지곤 했다(롬 12:13; 15:25). 고린도전서에서 바울은 교인들에게 "성도 섬기기로 작정한 … 이같은 사람들과 또 함께 일하며 수고하는 모든 사람들에게 순종하라"(고전 16:15-16)라고 명한다. 자신은 "사도로 부르심을"(클레토스 아포스톨로스, κλητὸς ἀπόστολος) 받았고 로마교회는 "성도로 부르심"(클레토이스 하기오이스, κλητοῖς ἁγίοις) 받았다는 표현 속에는 자기의 메시지에 강한 사도적 권위가 더해지기를 바라는 마음이 담겨 있다. 바울은 로마교회에 자기 가르침이 받아들여지기를 진심으로 바라고 있다.

### 방문 열망의 이유(롬 1:8-15)

이어서 바울은 로마교회의 믿음을 칭찬하고(롬 1:8), 자기가 얼마나 로마교회를 위해 기도해 왔는지 밝힌 후(롬 1:9) "어떻게 하든지 … 너희에게로 나아갈 좋은 길 얻기를 구하노라"(롬 1:9) 하고 고백한다. 이 소망을 이루려고 이전부터 "여러 번 너희에게 가고자"(롬 1:13) 했는데 그 이유는 "너희 중에서도 다른 이방인 중에서와 같이 열매를 맺게 하려 함"(롬 1:13)이었다. 바울은 여러모로 흔들리는 로마교회를 자기 손으로 열매 맺는 성숙한 교회로 만들고 싶었다. 하지만 이 소망은 "지금까지 길이 막혔"(롬 1:13)다. 그래서 로마서를 다 쓴 후 예루살렘에 갔던 바울은 결국 죄수가 되어서라도 로마로

가는 길을 택했다(행 21:27-28:31). 이는 그들을 만나고 싶은 열망이 그만큼 컸음을 내포한다.

그럼 바울은 무엇으로 로마교회를 열매 맺게 하려 했을까? 그는 "내가 너희 보기를 간절히 원하는 것은 **어떤 신령한 은사**를 너희에게 나누어 주어 너희를 견고하게 하려 함"(롬 1:11)이라고 밝힌다. '은사'는 '카리스마'(χάρισμα)인데 로마서에서 이 말은 '선물'(도레아, δωρεα 혹은 도레마, δώρημα)과 자주 혼용된다(롬 5:15-16). 따라서 이 '은사'는 일종의 특별한 '선물'이다. '신령한'으로 번역된 '프뉴마티코스'(πνευματικός)는 육적인 것과 구별되는 '영적인' 것을 의미한다(롬 15:27 참조). 그러니까 바울이 주려 한 '신령한 은사'는 정확히 말해 '영적인 선물'이다. 영어 성경들은 대부분 'spiritual gift'로 번역한다. 이 'gift'의 실체는 나중에 구체적으로 드러난다. "죄의 삯은 사망이요 하나님의 **은사**(카리스마)는 그리스도 예수 우리 주 안에 있는 영생이니라"(롬 6:23).

바울이 나눠 주고 싶은 선물은 궁극적으로 '예수 안에 있는 영생'이다. 영생은 구원과 같은 말이다. 죄인은 '하나님의 진노로 사형'(롬 1:18, 32)에 처해짐이 마땅하지만 예수의 "피로 말미암아 … 진노하심에서 구원을 받을 것"(롬 5:9)이다. 죽음이 생명으로 바뀌는 것, 그것이 구원이다. 그래서 구원은 복음과 직결된다. "이 복음은 모든 믿는 자에게 **구원**을 주시는 하나님의 능력"(롬 1:16)이기 때문이다. 결국 바울이 로마교회에 주고 싶었던 영적인 선물은 바로 '복음'이었다. 이것은 서론의 끝에서 명확히 입증된다. "그러므로 나는 할 수 있는 대로 로마에 있는 너희에게도 **복음** 전하기를 원하노라"(롬 1:15). 결국 이 고백 속에 앞으로 펼쳐질 본론의 전체적인 방향이 담겨 있다.

# 본론 전반부: 바울의 복음

## 복음의 정의(롬 1:16-17)

바울은 로마교회에 복음 전하기를 원했다. 그럼 복음이 뭘까? '복음은 ~이다'라는 정의형 명제가 성경에는 의외로 드물다. 글쓴이가 찾아본 바로는 많아야 세 번인데, 그중 두 번이 로마서 1장에 나온다. 첫째는 이미 살펴본 구절 "이 복음은 하나님이 선지자들을 통하여 그의 아들에 관하여 성경에 미리 약속하신 것"(롬 1:2)이다. 이는 복음이 오직 예수께 속한 것임을 보여 준다. 둘째는 지금 본론에 나오는 "복음은 모든 믿는 자에게 구원을 주시는 하나님의 능력"(롬 1:16)이라는 구절이다(세 번째는 벧전 1:25 참고). 이 정의 속에는 아래와 같은 복음의 3요소가 녹아 있다. 이 셋은 앞으로 전개될 바울의 '복음 설명'과 후반부의 '선교 설명'의 응축된 핵심이다.

| 대상 | 자격 | 결과 |
|------|------|------|
| 모든 자 | 믿는 자 | 구원 |

복음의 대상이 '모든 자'라는 사상은 바로 뒤를 따르는 "먼저는 유대인에게요 그리고 헬라인에게로라"(롬 1:16, 사역. 원문에는 '됨이라'가 없음)에서 재차 강조되고 "차별이 없느니라"(롬 3:2; 10:12)로 종지부를 찍는다. 또한 복음으로 획득할 '구원'은 진노하심(롬 5:9)과 직결된다. 모든 죄인에게 "진노의 날 곧 하나님의 의로우신 심판이 나타나는 그날"(롬 2:5)이 있다. 하지만 누구든지 "그(그리스도)로 말미암아 진노하심에서 구원을"(롬 5:9) 받을 수 있다.

이때 필수적인 자격이 바로 '믿는 자'이다. "복음에는 하나님의 의가 나타나서 믿음으로 믿음에 이르게"(롬 1:17) 한다. 원어를 직역하면 "그것(복음) 안에서 하나님의 의가 믿음에서 믿음까지 드러난다"(롬 1:17, 사역)이다. 개역개정에서는 마치 하나님의 의가 '어떤 믿음'을 수단으로 하여 '또 다른 믿음'을 만드는 것처럼 잘못 읽힐 수 있다. 원문에는 '믿음으로'라는 수단적 표현이 없다. '이르게 한다'는 말도 없다. 중심절은 '하나님의 의가 드러난다'이고 그 드러나는 범위가 '믿음에서 믿음까지' 즉 'from faith to faith'(영어 성경은 거의 이렇게 번역했다)라는 말이다. 한마디로 하나님의 의의 범위는 '시작도 믿음, 끝도 믿음'이라는 뜻이다. 그러므로 인간은 오직 믿음의 테두리 안에서만 하나님의 의를 얻는다. 다시 말해 오직 믿음으로만 의를 얻는다. 그래서 이 문장은 이렇게 마무리 지어진다. "오직 의인은 믿음으로 말미암아 살리라 함과 같으니라"(롬 1:17; 합 2:4).

## 모두가 죄인이다(롬 1:18-3:18)

• 이방인들(롬 1:18-32)

그러면 누가 하나님의 진노의 대상인가? 바울은 본격적으로 인간 해부를 시작한다. 먼저 "불의로 진리를 막는 사람들"(롬 1:18)이 나온다. 그들은 "하나님을 알되 하나님을 영화롭게도 아니하며 … 하나님의 영광을 동물 모양의 우상으로"(롬 1:21-23) 바꾸었다. 우상을 숭배하는 이들은 세속의 이방인들이다.

하나님을 버리고 정욕을 따르는 이들은 마침내 "그들의 몸을 서로 욕되게"(롬 1:24) 하였다. 당시 로마에 만연하던 동성애에 대한 지적이다. 그들은 "순리대로 쓸 것을 바꾸어 역리로 쓰며"(롬 1:26) "부끄러운 일을 행하여 그들의 그릇됨에 상당한 보응을 그들 자신이"(롬 1:27) 받았다. 당시 동성애 그룹에 만연한 질병이 있었다는 증언이다.

뿐만 아니라 바울은 계속해서 '21가지 죄의 유형'(롬 1:29-31)을 나열하며 세속 이방인들의 행태를 더 상세히 지적한다. 하나님의 진노는 이런 자들의 "모든 경건하지 않음과 불의에 대하여 하늘로부터 나타"(롬 1:18)날 것이다. 이들에게는 "사형"(롬 1:32, 원문에서는 '죽음', 타나토스, θάνατος)이 결정되었다.

- 유대인들(롬 2:1-29)

이제 바울은 세속의 죄인들을 손가락질하면서도 그들과 똑같은 자들이 있다고 폭로한다. 이 무리는 "이런 일을 행하는 자를 판단하고도 같은 일을 행하는 사람"(롬 2:3)이다. 잠시 후 이들의 정체는 "유대인이라 불리는"(롬 2:17) 자들로 드러난다. 이 유대인 계통들은 이방인과 달리 "율법을 의지하며 하나님을 자랑"(롬 2:17)하지만 사실 동일한 죄인이다. 왜냐하면 "판단하는 네가 같은 일을 행함"(롬 2:1)이며 "율법을 자랑하는 네가 율법을 범함으로 하나님을 욕되게"(롬 2:23)하기 때문이다.

바울은 이들을 향해 "표면적 유대인이 유대인이 아니요 … 오직 이면적 유대인이 유대인"(롬 2:28)이라고 선언한다. '표면적'(파네로스, φανερός)이란 겉에 드러나 눈에 보이는 부분이다. 바울은 유대인의 외식적인 면을 질책한다. 이에 비해 '이면적'(크뤼프토스, κρυπτός)은 감춰진 부분이다. 겉이 아니라 속이 진짜여야 한다. 이것은 행함과 직결된다. "하나님 앞에서는 율법을 듣는 자가 의인이 아니요 오직 율법을 행하는 자라야 의롭다 하심을"(롬 2:13) 얻기 때문이다. "하나님이 예수 그리스도로 말미암아 사람들의 은밀한(크뤼프토스) 것을 심판하시는 그날"(롬 2:16)이 온다. 그때는 중심이 온전한 자만 구원을 얻는다. 유대인 계통의 표면적 자랑거리들은 아무 소용이 없다.

　로마교회 안에서 발견되는 이 '유대인이라 칭하는 자들'은 혈통적 유대인이 아니다. 그들은 과거 회당에서 할례를 통해 유대인의 지위를 얻은 유대인 개종자들이었다. 로마교회 내부의 문제아들이었던 이들의 정체는 '더 깊이 읽기: 로마교회의 갈등하는 두 그룹'에서 따로 논할 것이다.

　• 심판의 기준: 율법과 양심(롬 2:6-16)

　하나님의 심판에는 원칙이 있다. "악을 행하는 각 사람의 영에는 환난과 곤고가 … 선을 행하는 각 사람에게는 영광과 존귀와 평강이"(롬 2:9, 10) 주어진다. 한마디로 악인은 벌을 받고 선인은 구원받는다는 말이다. 이 원칙도 차별이 없기에 "먼저는 유대인에게요 그리고 헬라인에게라"(롬 2:9-10)가 뒤따른다. "하나님께서 외모로 사람을 취하지 아니하심"(롬 2:11)이기 때문이다. 그렇다면 선인과 악인의 판단 기준은 뭘까?

　먼저 유대인에게는 율법이다. 특별히 그들은 글로 기록된 율법 조문(롬 2:27, 29)을 가지고 있다. 조문의 원어는 '그람마'(γράμμά), 즉 '글'이라는 뜻이다. 하지만 "율법을 듣는 자가 의인이 아니요 오직 율법을 행하는 자라야 의롭다 하심을"(롬 2:13) 얻는다. 따라서 율법을 자랑만 하는 자들은 결국 탈락이다. "유대인이라 칭하는 네가

··· 율법을 범함으로 하나님을 욕되게"(롬 2:17, 23) 하기 때문이다.

그럼 이방인의 기준은 뭘까? 바울은 그들에게도 "마음에 새긴 율법"(롬 2:15)이 있다고 말한다. "무할례자(이방인)가 (이 마음의) 율법의 규례를 지키면 그 무할례를 할례와 같이 여길 것"(롬 2:26)이다. 심지어 마음의 "율법을 온전히 지키면 율법 조문과 할례를 가지고 율법을 범하는 너(유대인들)를 정죄"(롬 2:27)할 권한까지 있다. 이 '마음의 율법'의 이행 상태를 나타내는 것이 바로 '양심'이다. 즉 "그 양심이 증거가 되어 ··· 그 마음에 새긴 율법의 행위를 나타"(롬 2:15)낸다. 한마디로 마음의 율법을 어기면 양심이 찔린다는 뜻이다. 이처럼 이방인들에게도 이미 "하나님을 알 만한 것이 그들 속에"(롬 1:19) 있다.

하지만 그들 역시 온전하지 못하다. 이미 살핀 대로 "하나님을 알되 하나님을 영화롭게도 아니하며 감사하지도 아니하고 오히려 그 생각이 허망하여지며 미련한 마음이 어두워"(롬 1:21)져서 죄와 정욕에 깊이 빠져 있기 때문이다. 결국 인간은 모두 양심 찔리는 짓들을 하며 산다는 말이다. 그래서 유대인도 헬라인도 다 똑같다. "율법 없이 범죄한 자는 또한 율법 없이 망하고 무릇 율법이 있고 범죄한 자는 율법으로 말미암아 심판을" 받는다(롬 2:12). 겉이 아무리 그럴 듯해도 유대인이나 헬라인이나 속에 감춰진 은밀한 것까지 온전할 수는 없다.

바울은 지금 인간의 구원 가능성을 불가능한 지경으로 몰고 간다. 그의 복음은 '당신은 사랑받기 위해 태어난 사람'으로 시작하지 않는다. 암울한 미래 선언이 바탕이다. "곧 나의 복음에 이른 바 … 사람들의 은밀한 것을 심판하시는 그날"(롬 2:16)에 대한 경고가 복음의 시작이다.

- **돌발적인 예고편**(롬 3:1-8)

이 부분은 이미 살펴보았다('로마서의 세 가지 암초' 참고). 지금까지의 논지를 벗어나 일종의 암초 역할을 하는 이 단락은 결국 6장의 예고편이었다. 다시 한번 간략히 정리하고 가자.

2장에서 바울은 율법을 자랑하지만 제대로 안 지키는 유대인 계통을 심하게 야단쳤다(이방인에게도 같은 틀을 적용했지만 다소 절제된 어조를 유지했다. 아마 로마교회의 다수가 이방인이었기 때문일 것이다). 하지만 껍데기만 유대인이 무슨 유대인이냐고 윽박지르던 바울은 말이 좀 심했다는 생각이 들었다. 그의 최종 목표는 유대인을 깎아내리는 것이 아니었다. 바울 복음의 근본은 유대인도 헬라인도 차별이 없음이다. 그래서 수습용으로 급히 나온 말이 이것이다. "그런즉 유대인의 나음이 무엇이며 할례의 유익이 무엇이냐 범사에 많으니 우선은 그들이 하나님의 말씀을 맡았음이니라"(롬 3:1-2).

하지만 이 말을 꺼내고 보니 또 문제가 있었다. 아직 다뤄서는 안 될 주제로서 9장 이후에나 꺼낼 말이었다. 그래서 '유대인의 나음'이란 주제는 나오자마자 뚝 끊겨 버린다. 이 단절이 정독을 방해하지만 나중에 9장 4-5절로 연결됨을 알면 넘어갈 수 있다. 하지만 그 다음 구절도 문제였다. 3장 3절 역시 원점으로 안 돌아가고 계속 혼돈을 야기한다. 지금 바울은 전체의 흐름을 찾으려고 애쓰는 중이다. 그래서 나온 말이 "어떤 자들이 믿지 아니하였으면 어찌하리요 그 믿지 아니함이 하나님의 미쁘심을 폐하겠느냐"(롬 3:3)였다. 이 내용은 방금 2장까지의 흐름과 동떨어진 것 같지만 중요한 줄기는 연결되어 있다. 악인이 선하신 하나님께 심판받는다는 사상 말이다. 그래서 바울은 계속하여 인간의 악과 하나님의 선을 대립시키기 시작한다. 이렇게 나온 3쌍의 대립이 바로 3장 3-5절의 내용들이다.

| 인간의 악 | 하나님의 선 |
| --- | --- |
| 불신(3절) | 미쁘심(신실하심)(3절) |
| 거짓말쟁이(4절) | 참되심(4절) |
| 불의함(5절) | 의로우심(5절) |
| 마땅한 결과:<br>이런 인간들에게 진노와 심판이 마땅하다(5-6절) | |
| 거짓됨(7절) | 진리(7절) |
| 바뀐 결과:<br>그럼에도 심판을 안 받게 된다.<br>하나님의 참되심이 더 풍성하여졌기 때문이다(7절) | |

불의하고 거짓된 죄인은 심판받아야 마땅하다(롬 3:5-6). 하지만 바울 복음이 궁극적으로 말하려는 바는 하나님의 진노와 심판이 아니다. 죄인인데도 예수를 통해 구원하시는 하나님의 사랑이다. 1-2장에서 죄와 심판을 언급한 것 역시 "모든 사람이 죄를 범하

였으매 하나님의 영광에 이르지 못하더니 그리스도 예수 안에 있는 속량으로 말미암아 하나님의 은혜로 값없이 의롭다 하심을 얻은 자 되었느니라"(롬 3:24)라는 결론에 이르기 위함이다. 이런 결론은 엄밀히 말해 모순이다. 이를 납득시키려면 많은 설명이 필요한데, 잠시 논지에서 벗어났던 바울은 본류로 돌아오는 과정에서 설명을 압축해 버렸다. 그래서 우리 눈에 논리의 비약이 나타났다.

즉 바울은 세 쌍의 선악을 대립시킨 후 마땅히 받을 심판을 말해 놓고, 네 번째 대립 후에는 '죄인인 인간이 구원받는다'는 개념을 너무 급히 꺼낸 것이다. 그것이 3장 7절이다. "그러나 만약 하나님의 진리가 그의 영광을 위하여 내 속의 거짓됨에게 더 풍성해졌다면 어찌 내가 아직도 죄인처럼 심판을 받으리요"(롬 3:7, 사역). 바울은 여기서 내 속의 '거짓됨'과 하나님의 '진리'를 대조시키지만 결과는 앞서 언급한 세 쌍과 다르다. "어찌 내가 아직도 심판을 받으리요"(롬 3:7)로 말이다. 결과가 바뀐 이유는 "하나님의 진리가 그의 영광을 위하여 … 더 풍성해졌"(롬 3:7, 사역)기 때문이다. 본래의 진리는 죄인을 심판하지만, 풍성해진 진리는 심판을 구원으로 바꾼다. 이것은 바울 복음의 핵심이다.

결국 바울은 잠시 일탈한 논지를 회복하는 과정에서 복음의 본질을 인간과 하나님의 대조된 속성을 통해 급히 나열한 것이다. 어쩌면 앞으로 진행시킬 자기의 강의 내용을 스스로 급히 복습해 봤는지도 모른다. 이 3장 3-7절은 일종의 바울 복음의 밑그림이다. 이 속에는 복음의 아이러니와 반전이 담겨 있다. 이를 이해하면 그 후 3장 8절에서 이어지는 또 한 번의 일탈도 어색하지 않다.

8절은 바울이 복음을 외칠 때마다 뒤따른 뻐딱한 반박을 재반박한 구절이다. 바울이 "죄가 더한 곳에 은혜가 더욱 넘쳤"(롬 5:20b)기 때문에 죄인이 은혜로 구원받는다고 가르치자, '선한 은혜를 받으려면 계속 죄를 지어야겠네' 하고 비아냥거리는(혹은 악용하는) 무리가 있었다. 바울은 이 반박을 예상했다. "그러면 선을 이루기 위하여 악을 행하자 하지 않겠느냐 어떤 이들이 이렇게 비방하여 우리가 이런 말을 한다고 하니 그들은 정죄받는 것이 마땅하니라"(롬 3:8). 하지만 이 역시 6장에서 '죄와 은혜' 문제를 놓고 차근차근 설명할 내용이었다. 그래서 바울은 이 모든 예고편을 일시에 멈추고 다시 본래의 흐름으로 과감하게 합류했다. 그곳이 바로 3장 9절 이하다.

- 의인은 없나니 하나도 없다(롬 3:9-18)

방금 본 돌발 예고편(롬 3:1-8)을 일단 접고, 2장 끝에서 3장 9절로 곧장 가면 모든 것이 풀린다. 바울이 최종적으로 하려던 말은 결국 이것이었다. "유대인이나 헬라인이나 다 죄 아래 있다고 우리가 이미 선언하였느니라 기록된 바 의인은 없나니 하나도 없"(롬 3:9-10)다. 심판의 기준이 유대인에게는 율법이요 이방인은 양심이다. 하지만 이 기준들로 의롭다 함을 얻을 자는 아무도 없다.

간혹 로마서의 양심을 거론하면서 이순신 장군처럼 예수를 모르는 사람들의 구원 가능성을 말하는 사람이 있다. 로마서의 양심은 그게 아니다. 양심과 연결된 마음의 율법 앞에 아무도 의로울 수 없다는 것이 요지다. 참고로 예수를 모르는 자들의 구원은 누구도 자신 있게 말할 수도, 말할 필요도 없다. 아무리 논해도 우리는 답을 모른다. 하나님은 분명 어떤 원칙을 갖고 계실 것이며 틀림없이 공평하고 정당하실 것이다. 그러니 하나님께 맡기면 된다.

결국 로마서 1-2장의 모든 논의는 "의인은 없나니 하나도 없으며"(롬 3:10)로 최종 귀결된다. 이 선언 뒤에 길게 나열된 구약의 인용들(롬 3:10-18)은 인간의 악한 실체를 드러낸 구절들의 모음이다(시 14:1-3; 53:1-3; 5:9; 140:3; 10:7; 사 59:7-8; 시 36:1). 이 모두의 결론 역시 "선을 행하는 자는 없나니 하나도 없"(롬 3:12; 시 14:3)기에 결국 "파멸과 고생이 그 길에 있어"(롬 3:16) 끝내 심판받으리라는 사실이다. 가혹하다 싶지만 이 진단은 정확하다. 야고보 사도의 교훈을 빌면 "누구든지 온 율법을 지키다가 그 하나를 범하면 모두 범한 자가"(약 2:10) 되기 때문이다. 일생에 딱 한 번만 죄를 지어도 하나님 앞에는 악인이다. 파리가 빠진 물은 그 99퍼센트가 깨끗해도 왕께 드려질 수 없다.

### 오직 예수를 믿음으로 얻는 의(롬 3:19-5:21)

마침내 바울은 로마교회와 우리 모두를 출발선에 세웠다. 의인은 하나도 없다는 선언(롬 3:10)이다. 모두가 죄인이므로 모두에게 복음이 필요하다. "이 복음은 **모든 믿는 자**에게 구원을 주시는 하나님의 능력"(롬 1:16)이기 때문이다. 그래서 바울은 이제 죄인이 어떻게 의를 얻는지를 설명한다. 신비 중의 신비인 '하늘의 구원 법칙'이 누설되는 순간이다.

• 율법이 말하는 것(롬 3:19-20)

2장에서 바울은 "오직 율법을 행하는 자라야 의롭다 하심을 얻으리니"(롬 2:13)라고 말했다. 하지만 3장에서 "율법의 행위로 그의 앞에 의롭다 하심을 얻을 육체가 없"(롬 3:20)다는 결론을 내린다. 그러면 율법은 왜 있는 걸까?

바울은 율법의 중요한 기능을 말한다. "무릇 율법이 말하는 바는 … 모든 입을 막고 온 세상으로 하나님의 심판 아래에 있게 하려 함이라"(롬 3:19). 다시 말해 율법은 인간으로 "죄를 깨달음"(롬 3:20)에 이르도록 한다. 이 선언은 유대인 계통만 향하지 않는다. 바울은 이방인에게도 "그 마음에 새긴 율법"(롬 2:15)이 있어 "자기가 자기에게 율법이"(롬 2:14) 된다고 말했다. 따라서 유대인도 이방인도 결국 '율법'이라는 법전 아래 죄인으로 선고받을 것이다.

하지만 바울은 율법 논증을 더 진행시키지 않고 7장에 가서야 다시 꺼낸다. 이때는 이방인보다 주로 "법 아는 자들"(롬 7:1) 곧 유대인의 문서화된 율법을 거론한 듯하다. "율법 조문의 묵은 것"(롬 7:6)이나 "계명"(롬 7:12) 등의 표현이 그 증거다.

• 예수를 믿음으로 말미암는 의(롬 3:22-31)

율법으로는 죄를 깨달을 수밖에 없는 인간에게 "율법 외에 하나님의 한 의"(롬 3:21)가 나타났다. 이 '의'는 "곧 예수 그리스도를 믿음으로 말미암아 모든 믿는 자에게 미치는 하나님의 의"(롬 3:22)다. 율법의 의는 본인 스스로 충족시켜야 하지만(이미 살폈듯이 이건 불가능하다) 새로운 의는 예수로 말미암아 저절로 충족된다.

본래는 "모든 사람이 죄를 범하였으매 하나님의 영광에 이르지 못"(롬 3:23)한다. 이때의 '영광'은 일차적으로 하나님께 '의롭다고 인정받는' 영광이다. 죄인은 이 영광을 절대 못 얻기에 "온 세상은 하나님의 심판 아래"(롬 3:19)에 있고 결국 죄를 "행하는 자는 사형에 해당한다"(롬 1:32). 따라서 죄인이 의로움을 얻으려면 일단 죄의 값인 '죽음'의 문제가 해결되어야 한다.

여기서 필연적으로 '속량'이란 개념이 등장한다. '속량'(아포뤼트로시스, ἀπολύτρωσις)은 '인질이나 노예의 몸값을 대신 지불하고 구해 오는 것'이다. 모든 인간에게는 '죽음'의 몸값이 필요하다. 이 값을 대신 치러 주신 분이 바로 예수 그리스도다. 예수는 인간을 위해 십자가에서 피 흘려 죽으셨다. 즉 "이 예수를 하나님이 그의 피로써 믿음으로 말미암는 화목제물로"(롬 3:25a) 세우셨다. 예수의 죽음이 인간을 속량했기에 심판의 하나님과 인간 사이에 화목과 속죄의 길이 열렸다(화목제물로 번역된 힐라스테리오스, ἱλαστήριος는 히브리서 9장 5절에서 '속죄소'로 번역되었다).

하나님은 예수의 피를 보고 "길이 참으시는 중에 전에 지은 죄를 간과하심으로 자기의 의로우심을 나타내"셨다(롬 3:25b. 간과하심은 파레시스, πάρεσις 로, '넘어감'을 뜻한다. 영어 번역에서는 주로 pass over). 여기서 '자기의 의로우심'은 원어로 그냥 '그의 의' 즉 '하나님의 의'다. '하나님의 의'는 오직 예수의 속량으로만 주어져 죄인에게 수여된다. 따라서 모든 사람은 "그리스도 예수 안에 있는 속량으로 말미암아 하나님의 은혜로 값없이 의롭다 하심을 얻은 자"(롬 3:24)가 될 수 있다. 다시 말해 "그 아들 안에서 우리가 속량 곧 죄 사함을"(골 1:14) 얻는 것이다.

그러면 이 효력이 미치는 데 필요한 조건은 무엇일까? 바로 '믿음'이다. "할례자도 믿음으로 말미암아 무할례자도 믿음으로 말미암아 의롭다 하실 하나님은 한 분"(롬 3:30)이시다. 하지만 본격적으로 믿음을 논하기 전에 정리할 오해가 있다.

인간이 전적으로 타락해서 믿음이라는 공로를 쌓을 수 없으므로 오직 선물로 받아야 믿을 수 있다는 생각은 비성경적이다(에베소서 2장 8절이 말하는 '하나님의 선물'은 믿음이 아니라 구원이다). 동시에 나 스스로 믿어 구원을 받았으니 구원은 신인 협동이라는 말도 그릇된 개념이다. 믿음은 선물도 공로도 아니다. 예를 들어 보자. 손양원 목사는 자기 두 아들을 죽이고 체포된 청년을 구명 운동해서 살리고 양자로 삼았다. 그때 그 청년에게 당연히 '목사님의 제안대로 입양 문서에 사인하면 풀려나는데 할래?'라는 질문이 주어졌을 것이다. 대답은 오직 그에게 달렸다. 강제로 하는 사인은 주어진 사랑에 대한 모독이다. 자기 죄의 비참함에도 주어진 큰 은혜를 보면 절대 놓칠 수 없는 기회다. 문제는 염치없고 부끄럽다는 거다. 그렇다고 거절한다면 그것은 더 큰 어리석음이요 끝내 죄를 인정하지 않음과 같다. 그때 살인자였던 청년은 당연히 이를 받아들였고 그분의 아들은 지금 목사님이다. 그럼 이제 질문해 보자.

이게 그의 공로인가? 그는 손 목사님의 제안을 자신이 기꺼이 수락했기에 양자됨과 용서를 받았다고 공치사하며 다닐 수 있을까? 그가 입양 문서에 사인한 것이 그 사랑을 완성시키는 데 공헌했다고 주장할 수 있을까? 그런 발상 자체가 코미디다. 여기에 그의 공로는커녕 그런 개념조차 들어갈 틈이 없다. 그가 승낙했든 안 했든 주어진 사랑은 이미 숭고하고 완전했다(실제로 그 청년은 평생 자신을 감추며 조용한 삶을 사셨다고 한다). 이 사랑의 원조가 바로 하나님이시다. 그의 친절하신 팔에 염치없지만 머리 숙여 안기는 것, 그것이 믿음이다. 내 앞에 주어진 선물을 안고 염치없지만 감격해서 우는 것이다.

하나님은 "예수 믿는 자를 의롭다 하려"(롬 3:26) 하신다. 이 '의'에 인간의 공로는 끼어들 틈이 없다. 다만 믿고 받아들이면 누구나 "하나님의 은혜로 값없이 의롭다 하심을 얻은 자"(롬 3:24)가 된다. '값없이'라고 번역된 '도레안'(δωρεάν)은 마태복음에서 '거저'(마 10:8)라고 번역되었다. 이 '의'가 거저인 이유는 '값싸서'가 아니라 누구도 지불할 수 없는 귀하디귀한 '예수의 피' 값이기 때문이다. 그래서 바울은 외친다. "그런즉 자랑할 데가 어디냐 있을 수가 없느니라"(롬 3:27). 오직 "사람이 의롭다 하심을 얻는 것은 율법의 행위에 있지 않고 믿음으로 되는"(롬 3:28) 것이다. 그래서 바울은 율법을 자랑하는 자들에게 더 크게 외친다. "하나님은 다만 유대인의 하나님이시냐 또한 이방인의 하나님은 아니시냐 진실로 이방인의 하나님도 되시느니라"(롬 3:29).

하지만 또 아차 싶었다. 로마교회의 율법 중시자들을 다시 자극할 말이었기 때문이다. 그래서 바울은 다시 중재의 말을 덧붙인다. "그런즉 우리가 믿음으로 말미암아 율법을 파기하느냐 그럴 수 없느니라 도리어 율법을 굳게 세우느니라"(롬 3:31). 그러나 이 문제를 더 이상 진행시킬 수는 없었다. 7장에서 본격적으로 논의할 주제였기 때문이다. 대신 지금까지의 주장 즉 "할례자도 믿음으로 말미암아 또한 무할례자도 믿음으로 말미암아 의롭다"(롬 3:30) 하심을 얻는다는 주장을 아브라함의 예를 들어 설명하기 시작한다.

• 예화1 : 모든 믿는 자의 조상 아브라함(롬 4:1-25)

'믿음의 법'은 율법을 앞선다. 이는 본래부터 있던 하늘의 원칙이다. 바울은 유대인의 "조상인 아브라함"(롬 4:1)을 통해 이를 증명한다. "아브라함이 행위로써 의롭다 하심을 받았으면 자랑할 것이 있으려니와 하나님 앞에서는 없"(롬 4:2)다. 성경은 "아브라함이 하나님을 믿으매 그것이 그에게 의로 여겨진 바"(롬 4:3) 되었다고 전한다. 아브라함도 결국 믿음으로 의를 얻은 것이다. 심지어 그 '의'는 그가 "무할례시"(롬 4:10)에 받은 것이다. 아브라함은 아무 공로가 없다. 오직 믿음만이 그 '복'의 원천이다. 그러므로 아브라함은 할례자들(유대인)만의 조상이 아니다. "무할례자로서(즉 이방인이지만) **믿는 모든 자의 조상**"(롬 4:11)도 된다.

이는 로마서의 세 번째 특징 '유대인이나 헬라인이나 차별이 없다'와 정확히 맞물린다. 복음은 모든 이를 위한 것이다. 유대인도 이방인도 믿으면 누구나 '하나님의 의'를 얻는다. 따라서 과거에 믿음으로 의를 얻은 아브라함은 이제 "율법에 속한 자에게뿐만 아니라 아브라함의 믿음에 속한 자에게도 … 우리 모든 사람의 조상"(롬 4:16c)이 된다.

바울이 아브라함 예화를 꺼낸 것은 '칭의'의 또 다른 비밀을 공개하기 위함이다. 누구든지 예수를 믿으면 의롭다 하심을 얻지만 아무 믿음이나 다 믿음은 아니다. 예수를 진짜로 믿는 자만 이 '의'를 얻는다. 진짜 믿음이 뭘까? 바울은 "일하는 자에게는 그 삯이 은혜로 여겨지지 아니하고 보수로 여겨"(롬 4:3)진다고 했다. '보수'라는 말은 본래 '빚'(오페일레마, ὀφείλημα)을 의미한다. 자기가 공로가 있다고 생각하는 사람은 하나님을 진짜로 믿기 힘들다. 그 삯(곧 은혜)을 마땅히 받아야 할 빚으로 여기기 때문이다. 우리는 가끔 하나님께 빚 독촉을 하면서 그게 신앙이라 우길 때가 있다. 우리 속에 있는 '공로심'과 '자기 의'가 이렇게 만든다. 그건 진짜 믿음이 아니다. 참된 믿음은 자신이 아무 일도 못했고 할 수도 없음을 자각할 때 비로소 시작된다.

바울은 이렇게 말한다. "일을 아니할지라도 경건하지 아니한 자를 의롭다 하시는 이를 믿는 자에게는 그의 믿음을 의로 여기시나니"(롬 4:5). 하나님이 받으시는 진짜 믿는 자가 여기에 등장한다. 첫째 그는 '일을 아니한 자'다. 하나님 앞에 아무것도 내세울 것이 없음을 스스로 안다. 둘째 그는 '경건하지 아니한 자'다. 즉 자기가 하나님 앞에 불경건한 죄인인 것과 나아가 이로 인해 받을 저주를 느낀다. 이 정체성을 실제로 자각하면 인간은 절망에 몸부림친다. 자기 인생이 결국 사형장에 끌려가는 중임을 깨닫기 때문이다. 그런데 놀라운 소식이 들린다. 심판하실 하나님께서 죄인을 용서하시고 값없이 의롭다 해주시겠다는 것이다.

이것은 말 그대로 복된 음성이다. 복음을 뜻하는 '유앙겔리온'(εὐαγγέλιον)은 '유(좋은)+앙겔리온(소식)'이다. 절망했던 그는 필사적으로 이 소식에 매달린다. 물에 빠진 자가 지푸라기라도 붙잡듯 구원을 주시는 분께 매달리고 의지한다. 심판의 하나님이 지금 내게 "경건하지 아니한 자를 의롭다 하시는 이"(롬 4:5)가 되겠다고 하신다. 그 아들 예수의 피로써 길이 참으시는 중에 전에 우리가 지은 죄를 간과하기로 하셨다(롬 3:25). 이것이 복음이다.

누가 여기에 진심으로 감격할까? 아무 의도 공로도 없음을 자각하고 애통하는 죄인이다. 그는 온 힘을 다해 의지하고 매달린다. 염치없고 부끄럽지만 주어진 구원의 기회에 온 존재와 생을 바친다. 이 간절한 의지와 매달림, 이것이 믿음이다. 하나님은 이러한 "그의 **믿음**을 의로"(롬 4:5) 여기신다. 그러면 다시 신비한 문이 열린다. '의'를 주실 거라 믿는 믿음 자체가 그의 '의'가 된다는 것이다. 참으로 놀라운 선언이다.

그래서 예수님은 자기에게 간곡히 매달린 자들에게 "네 믿은 대로 될지어다"(마 8:13; 9:29) 하셨고 "네 믿음이 너를 구원하였느니라"(막 5:34; 10:52 등) 하신 것이다. 바로 이런 자가 "일한 것이 없이 하나님께 의로 여기심을 받는 사람"(롬 4:5-6)이다. 공로가 많으면 매달리지 못한다. 밑바닥에 떨어진 절망이 하나님의 사랑을 붙들게 한다. 손양원 목사가 자기의 두 아들을 죽인 범인에게 사랑을 베풀었을 때, 그럴듯한 사과나 감사, 칭찬을 바랐을까? 아니다. 그저 그 사랑에 눈물로 안기는 데 족했을 것이다. 진실로 하나님이 그러셨다. 단지 그 사랑을 받으라 하셨고, 받으면 기뻐하신다.

그래서 놀라운 비밀이다. 의를 주시리라 믿는 그 믿음이 곧 의로 여겨지는 신비, 오직 사랑 안에서만 이해되는 비밀이다. 바울은 곧장 다윗의 시를 인용한다. "불법이 사함을 받고 죄가 가리어짐을 받는 사람들은 복이 있고 주께서 그 죄를 인정하지 아니하실 사람은 복이 있도다"(행 4:7-8; 시 32:1-2. 바울의 구약 인용이 우리 것과 다른 이유는 당시 헬라어 역본인 70인역을 인용했기 때문이다). 진짜 믿음의 또 다른 특징이 여기 있다. 참믿음은 자기가 받은 죄 사함과 의를 최고의 복으로 여긴다.

언제부턴가 교회 안에 정설처럼 떠도는 이론이 있다. 이 땅에서 바르게 살 것을 가르치지 않고 저 천국 얘기만 해서 교회의 타락이 일어났다는 주장이다. 그럴듯하지만 위험한 발상이다. 당연히 삶의 윤리가 강단에서 강조되어야 한다. 하지만 그것이 교회의 중심 메시지는 아니다. 그건 청학동에서 더 많이 가르친다. 우리에게는 더 근본적인 가르침이 있다. 바로 칭의의 비밀이다. 내가 아무 공로 없는 죄인이라는 사실. 내 인생은 사실 사형수의 대기소 시절이라는 사실. 자기가 죽을 죄인이라는 자각 없이 인간은 결코 복음을 알 수 없다.

지금 마귀는 '너 자신을 사랑하라', '네 행복이 우선이다'는 가르침으로 시대를 도배한다. 극한의 자기 절망에서 시작되어야 할 믿음의 정신을 차단하기 위해서다. 그러나 성도는 이 정신으로 하나님의 의를 깨닫고 겸손과 감사를 유지하여 죄를 이길 힘을 얻는다. 이 시대가 타락한 것은 우리에게 이 무(無)공로 사상, 더 나아가 빚진 자 사상이 없어졌기 때문이다. 무소유 운운이나 허울 좋은 훈계에 우린 이미 지치도록 속았다. 정의를 외치던 자들의 추한 실체를 질리도록 보았다. 그런 외침이 오히려 '자기 의'와 '공로'가 된 것이다.

신앙의 길은 바리새파로 빠질 함정 투성이다. '뭔가 했다, 내 공로다' 하는 순간 절실함이 사라지고 즉시 부패한다. 값없는 은혜만 강조해서 값싼 은혜가 된 것이 아니다. 값없는 은혜의 거대한 가치를 망각해서다. 내가 얻은 칭의의 가치를 알면 죄로 돌아감이 얼마나 무서운지 안다. 이 믿음으로 의를 얻고 이 믿음으로 의를 보존하다가 이 믿음으로 죽는 것이 신앙생활이다. 요즘 자주 회자되는 '신자의 영성'은 이 사실을 인식하는 힘이다.

• 소망으로 사는 삶(롬 5:1-11)

지금까지 바울이 역설한 것은 오직 "믿음으로 의롭다 하심을"(롬 5:1a) 받는다는 것이다. 이 '의'를 얻은 자들은 "우리 주 예수 그리스도를 통하여 하나님과 화평을 누린다"(롬 5:1b, 사역. 개역개정에서는 명령형 '누리자'이지만 원문은 그냥 직설법이다). 하나님은 더 이상 심판자가 아니며 오히려 내게 영광을 주실 분이다.

그러므로 이제 삶이 바뀌었다. 심판 앞에 절망하던 자가 "하나님의 영광의 소망을 자랑한다"(롬 5:2, 사역). 개역개정의 '바라고'는 본래 '소망'(엘피스, ἐλπίς)이라는 명사이고 '즐거워하다' 역시 '자랑하다'(카욱카오마이, καυχάομαι, '크게 말한다'는 뜻)가 원뜻에 가깝다. 예수를 믿는 자는 하늘 영광의 소망을 자랑하고 전파한다. 그러면 아이러니한 일이 벌어진다. 이 자랑 때문에 믿는 이의 삶에 위기가 찾아온다. 세속의 정욕과 율법에 매인 자들이 고깝게 보기 때문이다. 그래서 마침내 '환난'(틀립시스, θλῖψις)이 시작된다. 예수를 믿으면 육신의 형통이 온다는 건 섣부른 거짓말이다. 자기 공로로 시작한 믿음들이 하는 말이다. 참되게 믿으면 어떤 식으로든 현실과 부딪힌다. 땅의 원리와 하늘의 법이 상충하기 때문이다.

의를 얻은 성도는 늘 선택의 기로에 선다. 믿기 전으로 돌아가 현실의 평안을 추구할지 계속 의의 법을 따르며 세상과 부딪힐지 택해야 한다. 이 결정은 그가 가진 소망의 크기에 달렸다. 하늘 영광의 가치를 진짜로 믿으면 소망을 선택한다. 바울은 당연히 후자이므로 환난 중에도 자랑을 멈추지 않는다. 왜냐하면 "환난이 인내를, 인내는 증거를, 증거는 소망을 이루기 때문이다"(롬 5:3b-4, 사역). 개역개정의 '연단'이란 말은 '도키메'(δοκιμή)인데 본래의 뜻은 '증거'이다.

하늘 소망 때문에 땅의 환난을 참으면 믿음의 증거들이 쌓인다. 인내 속에 생긴 육체와 마음의 상처와 손해들. 이 증거들이 미래의 소망을 실현해 준다. 그러므로 환난을 두려워해서는 안 된다. 세상 풍파를 보고 떨 것이 아니라 "우리에게 주신 성령으로 말미암아 하나님의 사랑이 우리 마음에 부은 바 됨"(롬 5:5)부터 보아야 한다. "우리가 아직 죄인 되었을 때에 그리스도께서 우리를 위하여 죽으심으로 하나님께서 우리에 대한 자기의 사랑을 확증"(롬 5:8)하셨음을 되새겨야 한다.

이 믿음으로 환난 중에도 꺾이지 말고 인내로써 소망의 증거들을 채워 가야 한다. 이 증거들이 소망의 보증서다. 이로써 "그의 피로 말미암아 의롭다 하심을 받았으니 더욱 그로 말미암아 진노하심에서 구원을 받을 것"(롬 5:9)이다. 결코 이 "소망이 우리를 부끄럽게 하지 아니"(롬 5:5)할 것이다. 그러므로 우리를 의롭게 하신 하나님의 사랑에 집중하며 항상 소망 가운데 살아가야 한다. 나아가 "우리 주 예수 그리스도로 말미암아 하나님 안에서 또한 즐거워"(롬 5:11)함이 마땅하다.

여기까지 말하고 바울은 이 주제를 일단 멈춘다. 아직 복음에 대해 설명할 것이 더 남았기 때문이다. 이 의롭게 된 자들의 소망에 대한 이야기는 8장에서 다시 이어진다. 미리 엿보면 이렇다. "현재의 고난은 장차 우리에게 나타날 영광과 비교할 수 없도다"(롬 8:18). 살짝 꺼낸 "성령"(롬 5:5)에 대한 이야기도 8장에서 본격적으로 시작된다.

• 예화2 : 아담은 오실 자의 모형(롬 5:12-21)

4장에서 아브라함을 예로 든 바울은 잠시 주제를 벗어나 믿는 이의 삶(롬 5:1-11, 즉 소망으로 사는 삶)에 대해 언급했다가 정확히 원점으로 돌아온다. 그는 아직 복음과 칭의에 대해 할 말이 남았다. 따라서 5장 12절부터의 내용은 4장 끝부분과 이어지며, 더 거슬러 올라가면 3장 23절 "모든 사람이 죄를 범하였으매 하나님의 영광에 이르지 못하더니"와 이어진다.

4장 끝에서 바울은 "예수는 우리가 범죄한 것 때문에 내줌이 되고 또한 우리를 의롭다 하시기 위하여 살아나셨느니라"(롬 4:25a) 하고 결론을 내렸다. 그렇다면 이 '범죄함'의 기원이 누굴까. 여기서 바울은 최초의 인간 아담을 소환한다. 아담 "한 사람으로 말미암아 죄가 세상에 들어오고 죄로 말미암아 사망이 들어왔"(롬 5:12a)기 때문이다. 이후 아담의 후손인 "모든 사람이 죄를 지었으므로 사망이 모든 사람에게 이르렀"(롬 5:12b)다. 따라서 모든 죄와 사망의 기원은 바로 '아담'이다. 이 속에 원죄 개념이 내포되어 있다. "한 사람(아담)의 순종치 아니함으로 많은 사람이 죄인이 된 것"(롬 5:19)이라는 진술은 어떻게든 그가 자기 후손의 범죄에 원인을 제공했다는 말이다.

한편 아담은 "오실 자의 모형"(롬 5:14)이기도 하다. '오실 자'는 '멜로'(μέλλω, 본래 '막 …하려고 한다'는 뜻)에서 온 말로 8장 38절에서는 '장래 일'로 번역되었다. 이는 분명히 재림의 예수를 의미하며 바울은 그분이 곧 오실 것을 기대하고 있었다. '모형'으로 번역된 '튀포스'(τύπος)는 일종의 '본보기' 혹은 '예'(롬 6:17; 고전 10:6 등 참조)를 의미한다. 아담이 구원자 예수를 잘 설명해 주는 중요한 '예'(example)라는 것이다. 둘 사이에는 '인류의 기원'이라는 공통점이 있다. 바울은 이를 "한 범죄(곧 아담의 범죄)를 통하여 모든 사람이 정죄에 이른 것같이 또한 이처럼 한 의로운 행동(곧 예수의 피 흘리심)을 통하여 모든 사람이 생명의 의에 이르렀다"라고 표현한다(롬 5:18, 사역. 만인구원론이라는 오해를 일으킬까 봐 개역개정에서는 '모든 사람'을 '많은 사람'으로 번역한 것 같다).

하지만 이 둘 사이에 근본적인 차이가 있다. 아담은 죄와 사망을 가져왔지만 예수는 "은사"(롬 5:15, 카리스마)를 가져왔다. 따라서 "이 은사는 그 범죄와 같지 아니하니 곧 한 사람의 범죄를 인하여 많은 사람이 죽었은즉 … 또한 한 사람 예수 그리스도의 은혜로 말미암은 선물은 많은 사람에게"(롬 5:15) 넘쳤다. "그 의의 선물을 넘치게 받는 자들은 한분 예수 그리스도를 통하여 생명 안에서 왕 노릇"(롬 5:17) 하게 된다. 예수를 아담처럼 온 인류의 대표로 설정한 것은 복음의 대상이 세상 모든 자요 누구에게도 차별이 없다는 로마서의 특징을 재차 강조한 것이다. 예수의 피는 모든 자를 위한 것이다. 받아들이는 건 본인의 판단이나 그 능력은 모두에게 유효하고 충분하다. 몇몇만을 위한 예수는 없다. 이것이 아담 모형론을 꺼낸 바울의 의도이다.

그런데 이 이야기 속에 묘한 주제 두 개가 슬며시 끼어 있다. 첫째는 '율법' 문제이다. 바울은 "율법이 없었을 때에는 죄를 죄로 여기지 아니하였"(롬 5:13)고 "율법이 들어온 것은 범죄를 더하게 하려 함이라"(롬 5:20)는 말을 첨부했다. 이 발언은 아담 모형론에서 겉도는 듯 보이지만, 나중에 7장에서 본격적으로 들어갈 '율법 논증'의 씨앗이었다. 독자들에겐 예고편이요 본인에게 상기용이다. 둘째로 바울은 인류의 타락과 예수의 구원 사이에 어떤 인과관계를 부여했다. "은사는 많은 범죄로 말미암아 의롭다 하심에 이름이니라"(롬 5:16). 여기서 은사 즉 구원의 선물은 범죄의 결과물이 된다. 다시 말해 범죄가 은사를 낳은 것이다.

이러한 모순은 이미 보았듯이 '죄인을 불쌍히 여기신 하나님의 사랑'(롬 5:8)이 곧 구원임을 알면 이해가 간다. 하지만 바울의 의도는 더 치밀했다. 이미 살펴봤지만 이 역시 곧 이어질 6장의 주제이고 나아가 후반부의 선교 논증까지 가져갈 문제였다(미리 엿보자면, 11장 32절의 "하나님이 모든 사람을 순종하지 아니하는 가운데 가두어 두심은 모든 사람에게 긍휼을 베풀려 하심" 등과 같은 맥락임).

결국 바울은 이 둘을 하나로 엮음으로써 독자들을 다음 주제인 '죄의 문제'(롬 6장)와 '율법 문제'(롬 7장)로 자연스럽게 이끈다. 그게 바로 "율법이 들어온 것은 범죄를 더하게 하려 함이라 그러나 죄가 더한 곳에 은혜가 더욱 넘쳤나니"(롬 5:20)이다.

이제부터 시작되는 죄와 은혜에 대한 논증은 이미 예고된 것이다. 3장에서 바울은 "또는 그러면 선을 이루기 위하여 악을 행하자 하지 않겠느냐 어떤 이들이 이렇게 비방하여 우리가 이런 말을 한다고 하니 그들은 정죄받는 것이 마땅하니라"(롬 3:8)라고 말했다. 이 비방의 원인은 방금 지나온 아담 모형론 속에 잘 드러나 있다. "죄가 더한 곳에 은혜가 더욱 넘쳤나니"(롬 5:20)라는 주장이다. 선교사로서 바울은 어떤 상황에도 복음 전파에 긍정적이었다. 하나님의 사랑이 죄의 역사보다 강하다고 믿었다. 아마 바울은 선교 사역 중에 이 긍정의 말을 자주 전하며 위로했을 것이다. '죄가 더한 곳에 은혜가 더욱 넘친다!' 그러자 삐딱한 이들이 듣고 반박했다. '얼씨구, 그럼 은혜를 받으려면 죄를 더 지으면 되겠구먼.' 이 반박이 되풀이되자 바울은 드디어 칼을 뽑았다. "그런즉 우리가 무슨 말을 하리요"(롬 6:1). 이와 유사한 문장이 성경에 일곱 번 나오는데 전부 로마서다(롬 3:5; 6:1; 7:7; 8:31; 9:14, 23, 30). 이 말이 나오면 대개 반박이 뒤따르고 이를 다시 재반박하는 형식이다. 이때 "그럴 수 없느니라"도 자주 추가된다(롬 3:6; 6:1; 7:7; 9:14).

그의 비장한 말은 곧 이렇게 이어진다. "그런즉 우리가 무슨 말을 하리요 은혜를 더하게 하려고 죄에 거하겠느냐 그럴 수 없느니라"(롬 6:1-2a). 이 비방자들의 정체는 뭘까? 하나는 바울이 "이런 말을 한다" 비방하던 자들로서(롬 3:8) 나름 거룩을 지향하던 '경건파'

다. 또 하나는 오히려 바울의 복음을 악용하여 '은혜가 넘치니 죄를 마음껏 지어도 돼'라는 '방종파'다. 바울은 두 그룹을 동시에 상대해야 했다. 하지만 둘에게 주는 결론은 같았다. 죄를 지으면 안 된다는 것이다.

• 세례의 참 의미(롬 6:1-14)

바울은 이렇게 말한다. "죄에 대하여 죽은 우리가 어찌 그 가운데 더 살리요"(롬 6:2, '더'라고 번역한 에티, ἔτι는 본래 '여전히'의 뜻이다). 그의 논지는 분명하다. 믿는 자는 이미 죄와 관계가 끊어졌다. 죄에 대해 죽었으므로 죄가 불러도 듣지도 응답하지도 못한다. 그는 이 단절을 세례 예식으로 설명한다. "세례를 받은 우리는 그의 죽으심과 합하여 세례를 받은 줄 알지 못하느냐"(롬 6:3). 이로 보아 바울을 비방하던 자들은 세례에 대해 익히 알던 자들인 것 같다. 즉 교회 내부의 인물이다.

세례(밥티스마, βάπτισμα)는 물에 몸을 담그는 예식이다. 여기에는 두 가지 의미가 있으니 곧 '정결'과 '죽음'이다. 오늘날은 정결 곧 '죄 씻음'의 의미가 자주 강조되지만 본래 물에 들어가서 죽었다가 다시 살아 나오는 중생의 의미가 강하다. 바울도 여기서 이 의미를 강조했다. "우리가 그의 죽으심과 합하여 세례를 받음으로 그와 함께 장사되었나니"(롬 6:4). 원문의 뜻을 살리면 세례는 '그 죽음 속으로'(εἰς τὸν θάνατον, 영어로는 into the death) 들어가 그와 '함께 무덤에 들어가는 것'('함께 장사된다'는 뜻의 쉰타프토, συνθάπτω는 말 그대로 순장이다) 이다. 즉 인간은 세례를 통해 "그의 죽으심과 같은 모양으로 연합한 자"(롬 6:5)가 된다.

본래 "죄의 삯은 사망"(롬 6:23)이다. "모든 사람이 죄를 지었으므로 사망이 모든 사람에게 이르렀"(롬 5:12)고 "죄가 사망 안에서 왕 노릇"(롬 5:21) 하였다. 하지만 예수가 그 효력을 정지시켰다. "우리가 아직 연약할 때에 기약대로 경건하지 않은 자를 위하여 죽으셨"(롬 5:6)기 때문이다. 인간은 죄인이라서 자기 죄 때문에 죽는다. 하지만 죄 없는 예수가 인간 대신 죽으셨다. 죄가 감히 죽여서도 안 되고 죽일 수도 없는 분이 죄의 값을 미리 치른 거다. 순간 죄는 힘을 잃었다. 예수의 죽음이 내 죽음을 대신했기에 인간을 처벌할 근거가 사라졌다. "그러므로 이제 그리스도 예수 안에 있는 자에게는 결코 정죄함이 없"(롬 8:1)다. 예수 안에 있는 자는 의를 얻어 더 이상 죄의 빚 독촉에 시달리지 않아도 된다.

문제는 어떻게 예수 안으로 들어가 그 '의'를 얻는가이다. 그게 바로 믿음이다. 인간은 오직 "믿음으로 의롭다 하심을 받"(롬 5:1)는다. 이 믿음의 공적인 예식이 세례다. 세례를 통해 인간은 예수 안으로 들어가 그분과 연합한다. 그러면 그의 죽음이 나의 죽음이 된다. 바울은 이를 "우리 옛 사람이 예수와 함께 십자가에 못 박힌 것"(롬 6:6a)이라고 말한다. 이를 통해 "죄의 몸이 죽어 다시는 우리가 죄에게 종노릇 하지"(롬 6:6b) 않게 되는 것이다. 하지만 더 중요한 것이 남았다.

예수는 우리 대신 죽었으나 다시 살아나셨다. 이것은 "그의 죽으심과 같은 모양으로 연합한 자가 되었"(롬 6:5)다는 진술 속에 이미 예고되었다. '연합한'의 본래 뜻은 '함께 심겨진'(쉼프토스, σύμφυτος)이라는 농사 용어이다. 함께 심겨졌으니 함께 살아나 "거룩함에 이르는 열매를"(롬 6:22) 맺게 된다. 그러므로 이제 "그리스도와 함께 죽었으면 또한 그와 함께 살 줄을"(롬 6:8) 믿어야 한다. 특히 "그가 죽으심은 죄에 대하여 단번에 죽으심이요 그가 살아 계심은 하나님께 대하여 살아 계심"(롬 6:10)이다. 고로 "자신을 죄에 대하여는 죽은 자요 그리스도 예수 안에서 하나님께 대하여는 살아 있는 자로"(롬 6:11) 여겨야 한다.

여기까지의 논증은 주로 '경건파'를 의식한 것 같다. 그들은 바울이 죄와 손잡고 방종을 가르친다고 비난했다. 이런 이들에게 바울은 믿고 세례를 받는 것이 곧 죄와의 완전한 단절임을 강조했다. 그래서 이전에 미리 "선을 이루기 위하여 악을 행하자 하지 않겠느냐 우리가 이런 말을 한다고 하니 그들은 정죄받는 것이 마땅하니라"(롬 3:8)라고 선언했던 것이다. 즉 바울의 복음은 방종과 관련이 없다.

• 순종의 법칙(롬 6:12-23)

세례의 예로 신자의 정체성을 가르친 바울은 이윽고 구체적인 행동 양식을 지시한다. 여기부터는 아무래도 복음을 면죄부처럼 여기는 '방종파'를 의식한 듯하다. '어떤 죄를 지어도 은혜가 있으니 괜찮아'라고 합리화시키는 자들 말이다.

우리도 이런 함정에 빠지기 쉽다. 믿음으로 의를 얻었지만 여전히 죄의 습관과 그림자가 잔존한다. 이를 통해 '악'은 우리를 다시 지배하려고 기회를 노린다. 바울은 이런 자들에게 명한다. "욕망에 순종하는 경향을 가진 너희 죽을 몸 안에, 죄가 왕 노릇 하지 못하게 하라"(롬 6:12, 사역). 개역개정이 '지배하다'로 번역한 '바실류오'(βασιλεύω)는 본래 '왕으로 다스린다'는 의미다(롬 5:14, 17, 21에서 이 단어는 '왕 노릇하다'로 번역됨. 마 2:22; 고전 4:8; 15:25; 계 5:10 등도 참조). 모든 문제의 근원은 우리의 이 '죽을 몸'에 있다. 신분은 죄에서 벗어났지만 옛 사람이 아직 안 죽었다. 머리가 잘려도 요동치는 생선처럼 죽어가지만 아직 꿈틀거린다. 하지만 비관할 필요는 없다.

예수와 연합한 우리는 그 속에 잔존한 죄를 제압할 수 있다. 이를 위해 바울은 적극적인 자세를 명한다. "또한 너희 지체를 불의한 도구로 죄에게 주지 말고 오직 … 너희 지체를 의로운 도구로 하나님께 드리라"(롬 6:13, 사역). '지체'(멜로스, μέλος)는 인체에 붙은 사지와 각 부분들을 의미한다. 바울은 이걸 육신의 욕망이 아니라 하나님을 위한 도구로 사용하라고 명한다('무기'보다 본래 의미인 '도구'라는 표현이 더 알맞다). 그러면 놀라운 일이 생긴다. 예수와 연합된 신자에게는 승리가 시작된다. 죄의 권세를 제압할 때마다 "죄가 너희를 주장하지 못하리니 이는 너희가 법 아래에 있지 아니하고 은혜 아래에 있음"(롬 6:14)이기 때문이다.

이때의 '법'은 '율법'(노모스, νόμος)이다. 율법은 인간을 구원하지 못하고 다만 죄를 깨닫게 한다(롬 3:19-20). 따라서 죄인들은 율법의 지배 아래 있다. 심지어 이방인들도 마음의 율법 아래 있다(롬 2:15).
하지만 죄에서 벗어나면 율법에서도 벗어나 은혜 아래 있게 된다
(고전 15:56 참조). 그러면 한층 발전된 질문이 이어진다. "그런즉 어찌
하리요 우리가 법(율법) 아래 있지 아니하고 은혜 아래에 있으니 죄
를 지으리요 그럴 수 없느니라"(롬 6:15).

　율법 아래 있다는 것은 죄의 '종'이라는 증거다. 은혜를 받고 세
례를 받은 자는 더 이상 "죄에게 종노릇 하지 아니"(롬 6:6)한다. 6장
초반에 살짝 비친 이 '종' 개념을 바울은 이제 본격적으로 제시한
다. '종'은 순종의 법칙을 따른다. "너희 자신을 종으로 내주어 누
구에게 순종하든지 그 순종함을 받는 자의 종이"(롬 6:16a) 된다. 죄
의 종은 죄에게 자신을 내주고, 의의 종은 의에게 자신을 내준다.

　믿지 아니할 때 그들은 자기 "지체를 부정과 불법에 내주어 불
법에 이른"(롬 6:19) 상태였다. '부정'(아카타르시아, ἀκαθαρσία)이란 "마음
의 정욕대로 더러움(아카타르시아)에 내버려"(롬 1:24)진 상태로 1장에서
는 우상 숭배자들에게 사용하였다(이 말은 로마서에 두 번만 나온다). 이 말
을 로마 교인들에게 적용하면 기분이 나쁠 수도 있기에 바울은 미
리 "내가 사람의 예대로 말하노니"(롬 7:19)라는 단서를 붙였다. '세
상 식으로 터놓고 말하겠다'는 뜻이다(고전 9:8 참조).

　그런데 이 양해의 말에 또 다른 단서가 달렸다. "너희 육신이 연
약하므로"(롬 6:19). 바울은 지금 육신이 연약해서 죄에 자주 쓰러지
는 방종파들을 염두에 두고 있다. 로마교회 이방인들 중 이런 믿
음을 가진 교인이 있었던 것 같다(롬 13:13 참조). 이들에게 바울은 터

놓고 말한다. "너희가 죄의 종이 되었을 때에는 … 무슨 열매를 얻었느냐 너희가 그 일을 부끄러워하나니 이는 그 마지막이 사망임이라"(롬 6:20-21).

로마 교인들에게 믿기 이전의 상태를 각성시킨 것은 현재를 더 깊이 깨닫게 하려는 의도다. "너희가 본래 죄의 종이더니 너희에게 전하여 준 바 교훈의 본을 마음으로 순종하여 죄로부터 해방되어 의에게 종이 되었느니라"(롬 6:17b-18). 여기 나오는 '교훈(가르침, 디다케, διδαχή)의 본'은 내용상 바울의 복음과 동일한 것이 분명하다. '너희에게 전해진'(파레도테테, παρεδόθητε)이라는 2인칭 복수 과거 수동태는 로마교회 내의 바울 지지자들을 통해 이 교훈이 이미 전달되었음을 보여 준다. 바울은 로마교회가 이제 의의 종이 되었다고 말한다. 이때의 '순종'은 "너희 지체를 부정과 불법에 내주어 … 죄의 종이 되었"(롬 6:19-20)다는 구절과 대조를 이룬다. 죄의 종은 자기 지체를 부정에 바치지만 의의 종은 의에게 바친다.

바울은 지금 방종파를 각성시키고 경건파에게도 믿는 자의 본질을 더 확실히 주입하면서, 적극적이고 실제적인 순종이 죄에서 해방된 자의 마땅한 자세임을 가르친다. 우리가 "죄로부터 해방되어 의에게 종이 되었"(롬 6:18)기 때문에 "또한 너희 지체를 불의한 도구로 죄에게 주지 말고 오직 … 너희 지체를 의로운 도구로 하나님께"(롬 6:13, 사역) 드려야 한다. 복음의 은혜는 가만히 앉아서 받기만 하는 것이 아니다. 적극적으로 "너희 지체를 의에게 종으로 내주어 거룩함에 이르라"(롬 6:19)는 명령에 따라 "하나님께 종이 되어 거룩함에 이르는 열매를"(롬 6:22) 맺는 것이다. 그래야 승리가 있다. 자신을 의의 도구로 하나님께 드리면 어느 순간 "죄가 너희를 주장하지 못하"(롬 6:14)게 되는 경지에 이른다. 이것이 진실로 죄로부터 해방된 상태요 승리의 비법이다.

반대로 죄의 종이 되면 자신을 "불법에 내주어 불법에 이른" 상태(롬 6:19)가 된다. '불법'(아노미아, ἀνομία)은 율법을 무시하고 따르지 않는 상태로서 표면상 율법과 반대된다. 하지만 결과는 똑같다. 인간 스스로 율법을 다 지킬 수 없기 때문이다. 즉 불법 아래 있어도, 율법 아래 있어도 인간은 결국 죄의 종이 될 수밖에 없다. 그래서 바울은 7장에서 본격적으로 율법 이야기를 꺼낸다.

### 율법 파기 논쟁(롬 7:1-25)

여기까지 오면서 바울은 매 주제마다 율법에 대한 이야기를 끼워 넣었다. 2장에서 '율법과 양심'에 대해 논했고, 3장에서는 "믿음으로 말미암아 율법을 파기"(롬 3:31)할 수 없다는 선언도 했다. 그 뒤로도 잊을 만하면 계속 율법을 등장시켰는데(롬 3:19-21; 4:13-15; 5:13, 20; 6:14-15, 19 등) 그만큼 로마교회에 율법에 대한 바른 가르침이 필요하다고 여긴 증거다. 그 열망이 집약되어 터져 나온 곳이 바로 7장이다.

- **율법으로부터의 해방**(롬 7:1-6)

바울은 "내가 법 아는 자들에게 말하노니"(롬 7:1)라고 입을 연다. 이 '법'은 다소 포괄적이지만 결국 유대인의 율법이다. 지금 바울은 로마 교회의 율법주의자들을 의식하고 있다. 이들을 정통 유대인 신자로 단정 짓는 것은 섣부른데 자세한 논의는 뒤의 '더 깊이 읽기: 로마교회의 갈등하는 두 그룹' 편으로 미룬다.

바울의 논지는 분명하다. "법이 사람이 살 동안만 그를 주관"(롬 7:1)한다는 것이다. 이에 대한 증거로 일명 '남편의 법'을 꺼낸다. 즉 "남편 있는 여인이 … 남편이 죽으면 남편의 법에서 벗어"(롬 7:2)난다는 것이다. 바울은 이 규정을 어딘가에 명시된 실제 율법 조항처럼 제시한다. 구약이나 다른 문서에 명확한 출처가 잘 안 나타나지만 고린도전서 7장 39절에도 흡사한 구절이 있는 걸 보면 어딘가에 기록되었던 조항인 듯하다.

바울은 이 조항을 근거로 믿는 자와 율법의 관계를 풀어 간다. 신자는 "그리스도의 몸으로 말미암아 율법에 대하여 죽임을 당하였"(롬 7:4a)다. '남편의 법'에서처럼 죽음이 율법의 효력을 끊는다는 것이다. 그러므로 믿는 이는 율법에서 벗어났다. 율법에 대해 죽었기 때문이다. 이건 6장의 세례 논증에서 이미 나온 이야기다. 바울은 "우리가 그의 죽으심과 합하여 세례를 받음으로 그와 함께 장사되었나니"(롬 6:4) "이와 같이 너희도 너희 자신을 죄에 대하여 죽은 자 … 로 여길지어다"(롬 6:11)라고 했다.

죄와 율법은 불가분의 관계이다. 죄는 율법으로 명시화된다.

"율법으로 말미암는 죄의 정욕"(롬 7:5)이 그것이다. 죄가 율법으로 말미암고 율법(혹은 계명)이 "죄로 심히 죄 되게 하려"(롬 7:13) 하므로 죄의 종은 곧 율법의 종이다. 따라서 세례 받고 죄에 대해 죽은 자는 죄의 권능인 율법에 대해서도 죽었다. 이처럼 예수 믿는 자는 "율법에서 벗어났으니 그러므로 우리가 영의 새로운 것으로 섬길 것이요 율법 조문의 묵은 것으로 아니할지니라"(롬 7:6)라고 바울은 선언한다. 죄에서 해방됨이 곧 율법에서의 해방이다.

• 여전히 소중한 율법(롬 7:7-13)

바울이 여기까지 말하자 또 다른 반박자들이 등장했다. '그럼 믿는 자는 율법을 버려도 된다는 거냐?' 이를 예상했던 바울은 3장에서 미리 예고편을 던졌었다. "그런즉 우리가 믿음으로 말미암아 율법을 파기하느냐 그럴 수 없느니라 도리어 율법을 굳게 세우느니라"(롬 3:31).

바울의 복음이 주장하던 '율법으로부터의 해방'은 당시 유대인들을 자주 분노케 했다. 그들은 바울을 악독한 '율법 파기자'로 여겼다. 로마서를 탈고하고 예루살렘에 갔을 때 성난 유대인들은 바울이 "각처에서 우리 백성과 **율법**과 이곳(성전)을 비방하여 모든 사람을 가르치는 그자"(행 21:28)라며 대노했다.

하지만 오해였다. 바울은 결코 율법 파기론자가 아니었다. 바울은 결연한 말투로 다시 입을 열었다. "그런즉 우리가 무슨 말을 하리요"(롬 7:7). 그러고는 곧장 답부터 외친다. "율법이 죄냐 그럴 수 없느니라"(롬 7:7). 믿음으로 죄에 대해 죽었고 죄에서 해방되었으므로 죄와는 관계를 끊어야 옳다. 하지만 율법은 죄와 다르다. 율법에 대해 죽고 율법에서 해방되었지만 성도는 율법과의 관계를 끊어서도 안 되고 끊을 수도 없다.

율법은 믿는 자에게 여전히 중요한 기능을 한다. 그 기능은 누차 반복되었다. "율법으로는 죄를 깨달음이니라"(롬 3:20; 5:13, 20도 같은 맥락). 다시 말해 "율법으로 말미암지 않고는 내가 죄를 알지 못하"(롬 7:7)고 나아가 "죄가 율법이 있기 전에도 세상에 있었으나 율법이 없었을 때에는 죄를 죄로 여기지 아니"(롬 5:13)하였다. 다소 억지처럼 보일 수 있으나 그만큼 율법의 '죄 각성 기능'이 중요하다는 강조다. 이 기능은 믿음이 없으면 늘 부정적인 결과를 준다. 죄를 일깨워 죽음을 가져오기 때문이다.

"전에 율법이 없을 때는 내가 살아 있었으나 계명의 도래로 죄가 살아나고 나는 죽었다"(롬 7:9, 사역. 개역개정의 '율법을 깨닫지 못했을 때'는 원문에 없는 의역이다). "생명에 이르게 할 그 계명이 … 도리어 사망에 이르게 하는 것이 되었"(롬 7:10)다. 참고로 바울은 지금 유대 전통과 유산을 중시하는 자들과 싸우고 있다. 율법을 논하면서 굳이 '계명'(엔톨레, ἐντολή, 구약에 기록된 법) 혹은 '율법 조문'(롬 7:6. 그람마, γράμμα, 글로 기록된 율법 문서)이라는 세부 명칭을 붙인 이유다. 이방인들의 '마음에 새긴 율법'(롬 2:15)과 구별시키는 것이다. 그래서 "율법은 거룩하고 계명도 거룩하고 의로우며 선하"(롬 7:12)지만 "선한 그것으로 말미암아 나를 죽게 만들었"(롬 7:13)다. 인간이 율법을 다 행할 능력이 없기에 율법을 만나면 결국 "죄가 죄로 드러나기 위하여 … 죄로 심히 죄 되게"(롬 7:13) 하는 기능에 당할 수밖에 없다.

그러면 왜 이 부정적인 기능이 여전히 중요할까? 믿음을 통해 우리가 벗어난 것은 사실 율법이 아니라 그 결과물인 죄와 사망이다. 바울은 "우리가 얽매였던 것에 대하여 죽었으므로 율법에서 벗어났"(롬 7:6a)다고 했다. "이러므로 우리가 영의 새로운 것으로 섬길 것이요 율법 조문의 묵은 것으로 아니할지니라"(롬 7:6b)라고 명했다. 믿는 이는 이제 율법 조항을 하나하나 따지며 하나님을 섬길 필요는 없다. 중요한 건 율법이 아니라 "영의 새로운 것"이다. 이때의 '영'(프뉴마, πνεῦμα)을 인간의 마음으로 보고 '새 마음'으로 하나님을 섬기라는 뜻으로 볼 수도 있지만 최종 결론은 '성령'으로 귀결된다.

예수를 통해 얻은 '생명(조에, ζωή)의 새것'(롬 6:4, 사역)과 '영(프뉴마, πνεῦμα)의 새것'(롬 7:6. '새것'은 카이노테스, καινότης라는 명사로 성경에 오직 여기만 두 번 나온다)은 모두 "생명(조에)의 성령(프뉴마)의 법이 죄와 사망의 법에서 너를 해방"(롬 8:2)하였기 때문에 주어진 것이다. 따라서 믿는 자는 이제 "육신을 따르지 않고 그 **영**(프뉴마)을 따라"(롬 8:4) 행하게 되는데 그 영이 곧 "하나님의 영, 그리스도의 영"(롬 8:9)이시요 결국 "성령"(롬 8:15, 26)이시다. 그러므로 '영의 새로운 것'으로 섬기는 것은 곧 율법을 능가하는 '성령의 법'을 따라 하나님을 섬기는 것이다.

하지만 여전히 의문은 풀리지 않았다. 믿는 자는 '성령의 새 법'으로 섬기고 "율법 조문의 묵은 것"(롬 7:6)으로 하지 말아야 한다.

그런데 왜 여전히 율법이 중요할까? 그에 대한 답변이 이제부터 펼쳐진다.

### • 복음을 재각성시키는 율법(롬 7:14-25)

바울은 갑자기 자신을 해부하여 시험대에 올려놓고 이렇게 말했다. "우리가 율법은 신령한 줄 알거니와 나는 육신에 속하여 죄 아래에 팔렸도다"(롬 7:14). 여기서 '우리'와 '나'는 구분된다. 즉 바울은 이제 스스로 체득한 진리를 말하려는 것이다.

율법이 '신령하다'(프뉴마티코스)는 건 공적인 지식이다. "율법은 거룩하고 … 선하"(롬 7:12)다. 하지만 선한 율법이 각 개인과 만나면 문제가 생긴다. 나는 아직 육신에 속한 상태 즉 '육신적'(사르키노스, σάρκινος)이기 때문이다. 육신적인 인간은 "육신에 선한 것이 거하지 아니"(롬 7:18)한다. 그래서 "원하는 바 선은 행하지 아니하고 도리어 원하지 아니하는 바 악을 행"(롬 7:19)한다. 바울은 지금 예수를 믿기 이전 상태를 이야기하고 있을까? 그렇다면 이 논의는 지금까지의 무한 반복일 뿐이다. 여전히 결론은 "계명이 이르매 죄는 살아나고 나는 죽었도다"(롬 7:9)로 돌아간다. 하지만 지금은 그걸 말하는 게 아니다.

여기 등장하는 '육신적인 나'는 이미 예수를 믿는 신자다. 그는 선을 원하고 악을 미워한다(롬 7:15, 18, 19, 21). "내 속사람으로는 하나님의 법을 즐거워"(롬 7:22)한다. '속사람'(에소 안드로포스, ἔσω ἄνθρωπος)은 바울만의 독특한 표현으로 성경에 두 번 더 나오는데 모두 믿는 신자를 가리킨다(고후 4:16; 엡 3:16). 바울은 "이제는 그것을(즉 악을) 행하는 자가 내가 아니요 내 속에(곧 내 육신에, 7:18절을 보라) 거하는 죄"(롬 7:17)라고 고백한다. '이제는'(뉘니, νυνί)이라는 부사가 과거와의 단절을 보여 주고, 여기서 '나'와 '내 육신'은 구분된다. 둘은 더 이상 같은 존재가 아니다. 예수를 믿기 때문에 진짜 나는 하나님의 법을 즐거워하는 속사람이다.

하지만 아직 내 육신이 살아 있는 게 문제다. 언젠가 반드시 죽을 것이고 심지어 세례를 통해 죽었다고 선언도 되었지만 아직도 살아서 당분간 함께 있어야 한다. 그래서 바울은 이 육신을 '죽을' 몸이라고 표현한다. 바로 이 '죽을 몸' 속에 죄의 습성과 그림자가 남아 있다. 그러므로 육신적인 신자는 더욱 고차원의 명령을 들어야 한다. 즉 "욕망에 순종하는 경향을 가진 너희 **죽을 몸** 안에, 죄가 왕 노릇 하지 못하게 하라"는 명령과(롬 6:12, 사역), "너희 **육신이 연약**하므로 내가 사람의 예대로 말하노니 … 이제는 너희 지체를 의에게 종으로 내주어 거룩함에 이르라"는 명령이다(롬 6:19). 이들은 '죽을 몸'을 가졌고 아직 연약하지만 분명히 믿는 자다. 하지만 죄와의 갈등 속에 고통하고 있다. 여기서 우리는 죄와 율법에서 해방된 자도 여전히 죄에게 져서 절망하며 사는 것을 본다.

바울은 이를 '육신에 속하여'(롬 7:14, 사르키노스) 있는 상태라고 말한다. 고린도전서에도 이 개념이 나온다. 바울은 "형제들아 내가 **신령한**(프뉴마티코스) 자들을 대함과 같이 너희에게 말할 수 없어서 **육신에 속한**(사르키노스) 자 곧 그리스도 안에서 어린 아이들을 대함과 같이 하노라"(고전 3:1)라고 말한다. 여기서도 '신령한' 자와 '육신에 속한' 자가 선명한 대조를 이룬다. 둘 다 분명히 예수를 믿는 자다. 하지만 성령을 따르는 '신령한 자'가 있는가 하면 "육신에 속한 자곧 그리스도 안에서 어린 아이"(고전 3:1)같은 신앙도 존재한다.

어린 신자는 자주 갈등한다. 죄의 법에서 벗어난 줄 알았는데 다시 "한 법을 깨달았노니 곧 선을 행하기 원하는 나에게 악이 함께 있는 것"(롬 7:21)이다. 마음으로는 "하나님의 법을 즐거워하되 내 지체 속에서 한 다른 법이 내 마음의 법과 싸워 내 지체 속에 있는 죄의 법으로 나를 사로잡는 것을 보는도다"(롬 7:22-23) 하는 고백이 반복된다. 그래서 성도는 믿기 이전의 절망에 다시 빠진다. 심지어 심판의 공포까지 다시 느낀다. 이 절망을 바울은 절실한 언어로 이렇게 표현했다. "오호라 나는 곤고한 사람이로다 이 사망의 몸에서 누가 나를 건져내랴"(롬 7:24).

문제는 역시 '사망의 몸'(소마, σῶμα) 곧 '죽을 몸'이다. 믿기 전에는 정욕을 위해 "몸(소마)을 서로 욕되게"(롬 1:24) 했지만 이제 "옛 사람이 예수와 함께 십자가에 못 박힌 것은 죄의 몸(소마)이 죽어 다시는 우리가 죄에게 종노릇하지 아니하려 함"(롬 6:6)이었다. 따라서 "죄가 너희 죽을 몸(소마)을 지배하지 못하게 하여 몸의 사욕에 순종하지 말"(롬 6:12)아야 한다. 하지만 마음은 원이로되 현실은 실패의 연속이다. 모든 성도가 이를 경험하며 절망한다.

사실 이게 없으면 더 문제다. 죄를 심각하게 인식하고 맞서 싸워 본 경험이 없다는 뜻이기 때문이다. 이 갈등과 절망은 모든 초보 신자의 공통 과정이다. 그렇다고 패배가 패배로 끝나면 안 된다. 이 절망이 오히려 신자를 성숙시킨다. 예수를 모를 때 죄를 깨달으면 사망의 공포뿐이다. 하지만 복음을 믿은 후 다시 죄에 무너지면 우리는 어디를 바라봐야 할지 안다(물론 여기에는 성령의 도움이 필요하다. 이는 다음 장에서 설명할 것이다). 애굽을 탈출하고 이미 홍해를 건넌 후에도 범죄하여 고통받는 이스라엘에게 '광야의 놋뱀'(민 21:9)이 은혜로 주어졌던 것처럼, 예수의 십자가로 구원받은 백성이 다시 죄로 고통당할 때 바라볼 분 역시 십자가에 달린 예수 그리스도시다. 그래서 바울의 절망은 이렇게 바뀐다. "우리 주 예수 그리스도로 말미암아 하나님께 감사하리로다"(롬 7:25a).

예수의 속량은 믿기 전만이 아니라 믿은 후에도 계속 넘친다. 절망 중에 다시 바라본 십자가는 여전히 크고 놀라운 은혜다. 물론 오늘날에는 이런 식의 가르침을 피하려는 경향이 있다. 우리 스스로 제 발을 너무 많이 찍어서다. 믿는 자가 죄를 지었을 때 너무 쉽게 은혜를 핑계로 용서를 남발하여 세상을 당황하게 했다. 죄의 결과는 책임지지 않고 "회개에 합당한 열매"(마 3:8; 눅 3:8)도 없이 "우리 하나님의 은혜를 도리어 방탕한 것으로 바꾸고"(유 1:4c) 스스로 용서받았음을 내세우는 자들이 많다. 이런 자들은 실상 "우리 주 예수 그리스도를 부인하는 자"(유 1:4d)다.

하지만 모든 신자는 살아 있는 동안 죄에서 완벽하게 자유로울 수 없다. 진실로 참회하는 성도에게 주님의 속량은 여전히 차고 넘친다. 참된 신자는 죄를 깨달은 만큼 더욱 더 은혜를 알게 된다. 그렇게 깨달은 만큼 더 감사하고 깨달은 만큼 다음 죄의 공격에 더 강하고 굳센 용사로 성숙한다. 신자가 죄와 싸우며 갈등하는 과정은 궁극적으로 더 큰 은혜와 성결로 나아가게 한다. 이 과정은 당연히 일회적이지 않다. 어쩌면 평생 반복될 수도 있다(다윗을 생각해 보라). 하지만 정상적인 회개와 감사의 사이클 안에 있으면 그 주기와 강도는 반드시 약해진다. 절망의 한탄보다 승리의 감사가 점점 충만해짐이 정상이다.

놀랍게도 이 과정을 가능케 하는 것이 바로 '율법'이다. 우리 몸에 아직 육신적인 부분이 어딘지, 버려야 할 죄가 어디서 여전히 꿈틀대는지 알려 주기 때문이다. 그래서 율법은 결코 성도와 떨어질 수 없다. 성도는 매일 율법(즉 말씀)으로 자신을 검증하며 예수 안에 더 깊이 들어가 더 큰 은혜와 감사를 체험하며 신령한 경지로 나아간다.

### 성령으로 승리하는 믿음(롬 8:1-39)

• 생명의 성령의 법으로 해방됨(롬 8:1-2)

율법은 성도를 성결의 과정으로 이끈다. 이 과정에는 성령이 필수적이다. 바울은 "율법이 신령한 줄 알거니와"(롬 7:14)라는 단서를 달았다. 이 '신령함'(프뉴마티코스)은 '성령'(프뉴마)과 직결된다. 율법으로 성찰하는 것은 곧 성령을 따르는 삶의 원동력이다.

바울은 율법으로 인한 '절망'(롬 7:24)을 '감사'(롬 7:25)로 바꾸고 이렇게 고백한다. "그러므로 이제 그리스도 예수 안에 있는 자에게는 결코 정죄함이 없나니 이는 그리스도 예수 안에 있는 생명의 성령의 법이 죄와 사망의 법에서 너를 해방하였음이라"(롬 8:1-2). 7장의 율법 논쟁은 바로 이 성령의 지배와 해방에 이르기 위한 과정이었다. 성령의 법 안에 들어간 자는 드디어 승리를 체험하기 시작한다. 내 안에 거하시는 성령이 율법의 의를 완성시킬 힘을 주신다. 이로써 율법은 야단맞을 성적표에서 점점 우등상 상장으로 바뀐다.

바울은 이제 이러한 승리를 주시는 성령님 이야기를 본격적으로 시작한다.

• 성령을 따라 행하는 우리(롬 8:3-11)

육신에 속한 자는 율법의 의를 이룰 수가 없다. 그래서 예수님이 오셨다. 즉 "육신 때문에 약해서 율법을 이룰 수 없으므로 하나님은 자기 아들을 죄의 육신과 같은 형체로 보내셨고 죄에 대해서는 **그 육신 안에 있는 죄**를 정죄하셨으니 육신을 따르지 않고 오히려 성령을 따라 걷는 우리 안에서 율법의 의가 성취되게 하기 위해서였다"(롬 8:3-4, 사역).

"그 육신 안에 있는 죄"에서 "그 육신"은 누구의 것일까? 언뜻 인간인 것 같지만 단수라는 점과 문장 구조상 그리스도의 육체를 가리킨다. 그러면 의문이 생긴다. 어떻게 그리스도 안에 죄가 있을 수 있나? 하나님이 그 죄를 '정죄하셨다'(카타크리노, κατακρίνω)는 말에서 의문이 풀린다. 본래 죄는 "기회를 타서 계명으로 말미암아 나를 속이고 그것으로 나를 죽"(롬 7:11)이는 것이 목표다. 죄가 침투하여 건드리는 육체마다 굴복한다. 하지만 이번엔 상대를 잘못 골랐다. 죄가 들어와서 도전한 그 육체의 주인은 하나님의 순결하신 아들이셨다. 따라서 멸망할 건 오히려 죄였다. 침범할 수 없는 곳을 넘보다가 도리어 심판을 받은 것이다.

그리스도와 연합한 성도는 이 효력을 함께 얻는다. 6장에서 보았듯이 믿는 자는 세례를 통해 예수의 "죽으심과 합하여 … 죄의 몸이 죽어 다시는 우리가 죄에게 종노릇하지 아니하려" 한다(롬 8:5-6). 즉 "그리스도께서 너희 안에 계시면 몸은 죄로 말미암아 죽은 것이나 영은 의로 말미암아 살아 있는 것"(롬 8:10)이 된다.

하지만 이건 출발일 뿐이다. 그리스도와 연합하여 죄의 몸이 죽는 것만 목표가 아니다. 그다음 단계 "예수를 죽은 자 가운데서 살리신 이의 영이 너희 안에 거하"(롬 8:11)시는 경지로 나아가야 한다. 바울은 '그리스도께서 너희 안에 계신'(롬 8:10) 상태와 '성령(곧 예수를 살리신 이의 영)이 거하시는'(롬 8:9, 11) 상태를 다르게 말한다. '그리스도가 계신' 상태는 세례를 통해 처음으로 예수와 합하는 것이다. 그리스도가 우리 안에 계시면 죄의 몸이 죽고 죄에서 해방되지만 세례의 수준에만 머물면 안 된다. 곧 예수를 살리신 하나님의 영이 우리 안에 거하시는 단계로 나아가야 한다. 여기서 마침내 죽음을 넘어서는 부활의 단계가 적용된다.

이 단계의 핵심이 바로 성령이 '거하다'(오이케오, οἰκέω)이다. 이 동사는 부부의 삶을 나타낼 때 사용되곤 했다(고전 7:12, 13. 같은 계통의 단어인 오이코스, οἶκος는 '집'을 의미한다). 즉 성령이 남편이 되셔서 나와 거하시는 상태를 말한다. 모든 믿는 자에게는 이미 성령이 와 계시는데(고전 12:3), 문제는 내 중심에 거하시는가 건넌방에 밀려나 계시는가이다. 성령님이 중심에 안 계시면 죄가 안방에서 주인 노릇을 한다. 이 상태로는 여전히 갈등하고 패배한다. 바울은 이걸 "내 속 곧 내 육신에 선한 것이 **거하지**(오이케오) 아니하는 줄 아노니"(롬 7:18)라고 고백하면서 "내 속에 거하는(오이케오) 죄"(롬 7:20) 때문이라고 밝혔다.

그리스도를 만나 죄의 몸이 죽었다고 선언되어도 그 죽을 몸에는 죄가 여전히 '거한다'. 따라서 여기에 성령을 모시는 것이 관건이다. "예수를 죽은 자 가운데서 살리신 이의 영이 너희 안에 거하시면(오이케오) … 너희 안에 거하시는(엔오이케오, ἐνοικέω) 그의 영으로 말미암아 너희 죽을 몸도 살리"(롬 8:11)실 것이기 때문이다. 여기서 바울은 '오이케오'를 '엔오이케오'(안에 거하다)로 강화하여 성령의 내주(內住)를 더욱 강조한다. 그리스도가 단지 우리 안에만 '계시면' 몸은 죽을 운명이고 영만 산 것이다. 하지만 이 차원을 넘어 성령이 내 죽을 몸에까지 '거하시고'(오이케오) 나의 중심에 더욱 '깊이 거하시면'(엔오이케오) 이 몸까지 살아나는 경지 즉 부활의 소망에 이른다(이 이중 구도는 '더 깊이 읽기: 바울 복음의 이중적 구원'에서 자세히 다루겠다).

바로 이 경지를 바울은 "만일 너희 속에 하나님의 영이 거하시면 너희가 육신에 있지 아니하고 영에"(롬 8:9) 있는 것이라고 말한다. 육신적인 수준에서 마침내 신령한 수준에 이르렀다는 뜻이다. 이런 자들은 성령의 도움을 받아 죄를 이기는 경지로 간다. 앞서 나온 표현을 따르면 "지체를 불의한 도구로 죄에게 주지 말고 오직 ⋯ 너희 지체를 의로운 도구로 하나님께"(롬 6:13, 사역) 드리는 경지로 가서 마침내 "죄가 너희를 주장하지 못"(롬 6:13)하는 단계에 이른다는 말이다.

성령이 거하심의 시작은 "영의 일을 생각"(롬 8:5)하는 것이다. 이때의 '생각하다'(프로네오, φρονέω)는 단지 머리가 아니라 그 사상을 중히 여겨 마음에 품는 것을 말한다(롬 11:20; 14:6; 행 28:22 참조). 즉 모든 것은 이 사상의 변화에서 시작된다.

신앙의 초보 단계에도 성령이 전혀 개입하지 않으셨던 건 아니다. "생명의 성령의 법이 죄와 사망의 법에서 너희를 해방하였음"(롬 8:2)은 결론뿐 아니라 시작도 내포한다. 즉 복음을 믿는 순간 성도는 이미 성령을 만났다. 하지만 성령이 주변에 계시는 것과 '거하심'(오이케오) 혹은 '내주하심'(엔오이케오)은 다르다. 그리스도를 믿어도 그리스도의 사람이 아닐 수 있다. 바울은 "누구든지 그리스도의 영이 없으면 그리스도의 사람이 아니라"(롬 8:9)라고 경고한다.

'그리스도의 사람'은 원어로 '그의 것'(아우투, αὐτοῦ)을 의역한 말로서 '그리스도의 소유'를 뜻한다. 핵심은 결국 '누가 주인인가'다. 따라서 구원의 초보에 머물지 말고 사상 자체를 바꾸어 "육신의 일"(롬 8:5)과 "육신의 생각"(롬 8:6) 이전에 먼저 "영의 일을 생각"(롬 8:5)해야 한다. 그러면 우리 중심에 성령이 들어오신다. '성령의 내주하심'(엔오이케오)이 시작되는 것이다. 그러면 성령이 나의 주인이시므로 그가 이끄셔서 승리케 하신다. 바울은 이들을 "육신을 따르지 않고 그 영(곧 성령)을 따라 행하는 우리"(롬 8:4)라고 표현했다. 이러한 성령의 사람들에게는 놀라운 일이 생긴다. 이제껏 나를 절망시켜 온 "율법의 요구가 이루어지게"(롬 8:4) 된다. 즉 "죄가 너희를 주장하지 못하"(롬 6:14)는 경지가 실제로 시작되는 것이다.

• 상속자의 영광과 인내(롬 8:12-25)

바울이 '성령의 내주'를 강조한 것은 로마교회의 상당수가 아직 "육신이 연약하므로"(롬 6:19), 즉 육신적인 상태였기 때문이다(롬 7:5, 14; 고전 3:1). "육신에 있는 자들은 하나님을 기쁘시게 할 수"(롬 8:8) 없기에 육신의 생각을 버리고 "영의 일을 생각"(롬 8:5)하도록 격려한 것이다. 이러한 '생각의 변화'는 성령의 '내주'에 이르는 첫 단추다. 죄의 공격만 보고 절망하는 것은 어리석다. 힘 있는 장수가 곁에 계시므로 생각을 바꾸어 죄와 과감히 부딪히면 그분이 역사하여 승리케 하신다.

그래서 바울은 다시 말한다. "그러므로 형제들아 우리가 빚진 자로되 육신에게 져서 육신대로 살 것이 아니니라"(롬 8:12). '빚진 자'(오페일레테스, ὀφειλέτης)는 복음의 은혜가 집약된 말이다. 즉 "그리스도 예수 안에 있는 속량으로 말미암아 하나님의 은혜로 값없이 의롭다 하심을 얻은 자"(롬 3:24)를 가리킨다. 여기에 진정한 성령의 역사가 있다. 성령은 우리가 '빚진 자'임을 일깨우신다. 복음 속에 담긴 사랑의 크기와 넓이를 깨닫게 하신다. 이것이 성령의 가장 큰 역할이시다. "성령으로 말미암아 하나님의 사랑이 우리 마음에 부은 바"(롬 5:5) 되는 것이다. 이 은혜를 얻으면 그분의 기대에 억만 분의 일이라도 합당하기를 원한다. 그래서 과감히 육신의 생각과 맞선다. 이런 자들을 바울은 "영으로써 몸의 행실을 죽이면 살리니 무릇 하나님의 영으로 인도함을 받는 사람은 곧 하나님의 아들이라"(롬 8:14)라고 말한다.

성령이 거하는 자가 하나님의 온전한 자녀이다. 그래서 성령은 이제 "양자의 영"(롬 8:15)이다. 성령이 내주하면 심판의 하나님을 "아바 아버지라 외치는"(롬 8:15, 사역) 권세가 생긴다(아바, ἀββά는 그냥 아람어로 '아버지'라는 게 정설이다). 이뿐 아니다. "만약 자녀이면 또한 상속자 곧 하나님의 상속자요 그리스도의 공동 상속자이다"(롬 8:17, 사역. 상속자는 클레로노모스, κληρονόμος, 공동상속자는 쉥클레로노모스, συγκληρονόμος로 모두 단일명사들이다). 하나님의 자녀는 당연히 하나님의 것을 물려받을 권한이 있다.

그 물려받을 것을 바울은 "영광"(롬 8:17, 18, 30 등. 독사, δόξά 혹은 동사 독사조, οξάζω)이라고 칭한다. 이 영광의 실체는 '그리스도의 공동 상속자'라는 표현에서 드러난다. 그리스도는 하나님께 부활의 영광을 받았다. 바울은 6장에서 이미 이걸 설명했다. "아버지의 **영광**(독사)으로 말미암아 그리스도를 죽은 자 가운데서 살리심과 같이 우리로 또한 새 생명 가운데서 행하게 하려 함이라"(롬 6:4). 하나님의 자녀들은 그리스도의 공동 상속자로서 그리스도의 부활의 영광을 함께 받게 된다.

하지만 이 영광은 아직 주어지지 않았다. "장차 우리에게 나타날 영광"(롬 8:18)이다. 우리는 그리스도와 "함께 영광을 받기 위하여 고난도 함께 받아야 할 것"(롬 8:17)이다. 여기서 상속자의 현재가 드러난다. 바울은 성령의 사람들의 삶을 "현재의 고난"(롬 8:18)으로 규정한다. "성령의 처음 익은 열매(곧 부활의 예수, 고전 15:20)를 받은 우리"(롬 8:23a)는 이제 "속으로 탄식하며 양자될 것 곧 우리 몸의 속량(곧 부활)을 기다"(롬 8:23)려야 한다. 이 기다림은 신자만의 것이 아니다. 부활의 날은 온 세상의 회복이므로 다른 피조물들도 이 날을 소망한다. 곧 "피조물 자신이 썩어짐의 종 된 상태에서 하나님의 자녀들의 영광의 자유에 이르러 함께 자유로워질 거라는 **소망**으로 모든 피조물들이 지금껏 함께 탄식하며 함께 고통하는 것"(롬 8:21, 사역, 개역개정이 '그 바라는 것'으로 번역한 것은 본래 '소망', 엘피스라는 명사다)이다.

이 개념은 5장에서 이미 거론되었다. 바울은 "하나님의 영광의 **소망**(엘피스)을 자랑"(롬 5:2, 사역)하는 삶이 "환난"(롬 5:3)으로 이어짐을 예고했다. 이 "환난이 인내를, 인내는 증거를, 증거는 소망을 이루기"(롬 5:3b-4, 사역) 때문에 결코 "소망이 우리를 부끄럽게 하지 아니"(롬 5:5)한다. 그러므로 구원은 '소망'에서 완성된다. 믿음으로 시작했지만 '현재의 고난'이 있으므로 참아야 하는데 그 인내를 가능케 하는 것이 소망이다. 따라서 '오직 믿음으로 구원을 얻는다'로 시작했던 바울은 이제 "우리가 소망으로 구원을 얻었"(롬 8:24)다고 외친다. 이 소망은 보이지 않는 것이므로(롬 8:24) 이 "보지 못하는 것을 바라면 **참음**으로 기다"(롬 8:25)려야 한다. 이때의 '참음'(휘포모네)은 5장 4-5절의 '인내'와 같은 단어이다. 인내가 곧 믿는 자의 증거이고 이 증거가 소망을 실현시킨다.

이 모두로써 믿는 자는 구원의 원칙에 합당한 자가 된다. 즉 "참고(휘포모네) 선을 행하여 영광과 존귀와 썩지 아니함을 구하는 자에게 영생"(롬 2:7)을 주시는 하나님께 드디어 인정받는 것이다.

- 우리 연약함을 도우시는 성령(롬 8:26-30)

결국 바울의 핵심은 '인내'로 귀결된다. 이 인내를 이루려면 시각의 전환이 필요하다. "현재의 고난은 장차 우리에게 나타날 영광과 비교할 수 없"(롬 8:18)음을 볼 수 있어야 한다. "육신의 생각은 사망이요 영의 생각은 생명과 평안"(롬 8:6)이다. 하지만 이게 현실적으로는 힘들다. 더구나 바울은 로마교회가 "너희 육신의 연약함"(롬 6:19, 사역. '연약함'은 아스테니아, ἀσθένεια) 가운데 있음을 알고 있었다.

그래서 또 다른 차원의 성령의 역할을 설명하기 시작한다. "성령도 우리의 연약함(아스테니아)을 도우"(롬 8:26)신다는 것이다. '도우신다'(쉰안티람바노마이, συναντιλαμβάνομαι)로 번역된 이 긴 합성어는 '버티기 위해 함께 붙잡고 있다'는 뜻이다. 소망을 바라보며 버티다 보면 견디기 힘들어 "속으로 탄식"(롬 8:23)이 나온다. 이 탄식 가운데 "우리는 마땅히 기도할 바를 알지 못하"(롬 8:26)고 신음한다. 이때 성령께서 우리의 '탄식함'(스테나조, στενάζω)을 들으시고 "표현할 수 없는 **탄식**(스테나그모스, στεναγμός)으로 우리를 **위하여 청원하신다**"(롬 8:26, 사역).

'위하여 청원하다'라는 동사 '휘페르엔티그카노'(ὑπερεντυγχάνω)를 '간구하다'로 번역하면 오해의 소지가 많다(34절의 '예수님의 간구하심'도 마찬가지). 우리 정서로 '간구하다'는 '기도하다'와 자주 혼동된다. 그러다 보니 성령님과 예수님이 우리를 위해 기도하신다는 개념이 교회에 만연하다. 이는 자칫 삼위일체의 개념을 오해하게 만들 수 있다. 본래 이 단어는 '휘페르'(위하여)와 '엔티그카노'(청원하다)를 합친 말이다. 바로 뒤에 나오는 성도를 "위하여 청원하심(엔티그카네이 휘페르, ἐντυγχάνει ὑπὲρ)"(롬 8:27, 사역)을 한 단어로 표현한 것이다. '엔튀그카노'는 '누군가의 형편을 직접 전달하고 탄원하는 행위'이다. 베스도 총독이 "유대의 모든 무리가 … 내게 청원(엔튀그카노)"(행 25:24)하였다고 할 때 사용된 단어이다. 로마서 11장 2절에서는 '고발하다'로 번역했는데 이건 '누군가의 그릇된 점을 전달했다'는 의미에서 나온 번역이다. 이런 차원에서 이 구절은 성령님이 우리를 "위하여 청원하신다"(롬 8:27)로 번역하는 것이 가장 알맞다.

성도의 탄식은 소망을 지키려는 인내와 분투 중에 나오므로 거룩하다. 따라서 이 탄식 자체가 성령께 드려지는 아름다운 기도다. 성령께서는 이 탄식의 기도에 자신의 말할 수 없는 탄식까지 더하시어 하나님께 우리를 위한 청원을 드린다. 사실 이 모두는 신자의 마음속에서 진행되는 과정이다. 성령이 내 속에 거하시기 때문이다. 그러므로 내게서 나오는 탄식이 곧 성령의 탄식이 되고, 내 속의 신음과 갈망이 곧 성령의 청원으로 하나님께 드려진다. 각 사람의 "마음을 살피시는 이가 (이미 성도의 마음속에 계신) 성령의 생각을 아시"(롬 8:27)기 때문이다.

물론 이 청원은 우리의 뜻이 아니라 "하나님의 뜻대로"(롬 8:27. 직역하면 '하나님을 따라', 카타 테온, κατὰ θεὸν) 드리는 것이므로 우리가 원하는 응답이 안 올 수도 있다. 하지만 소망을 지키기 위해 싸우며 탄식하는 자는 이미 "하나님을 사랑하는 자 곧 그의 뜻대로 부르심을 입은 자들"(롬 8:28a)이요 성령을 통해 입양된 그분의 자녀다. 하나님은 "그들을 이미 아시고 그들 중에서 예수가 맏아들이 되게 하시려고 그들을 자기 아들과 같은 형상이 되도록 이미 작정하셨고 또한 작정하신 그들을 부르셨고 부르신 그들을 또한 의롭다 하셨고 또한 의롭다 하신 그들을 영광스럽게 하셨기 **때문에**"(롬 8:29-30, 사역. 이 두 구절은 통째로 28절의 이유를 나타내는 절로 해석함이 어울린다) 그가 모든 것을 선한 쪽으로 함께 이루어 가신다(롬 8:28b, 사역. '함께 이루신다'는 이 모두가 삼위일체의 공동 작업이라는 뜻이다. 개역개정은 '모든 것'을 주어로 번역했으나 아래 구절과 연결해 보면 '그' 곧 하나님이 주어이고 '모든 것'이 목적어가 되어야 자연스럽다. 문법적으로는 두 번역 모두 가능하다).

• 끊을 수 없는 하나님의 사랑(롬 8:31-39)

이후 바울은 "그런즉 이 일에 대하여 무슨 말 하리요"(롬 8:31a)라고 외친다. "이 일"이란 바울이 지금까지 설명한 내용들, 곧 '하나님이 성령을 통해 성도의 탄식을 들으시고 모든 것을 선하게 인도하신다'는 것이다. 그는 "만일 하나님이 우리를 위하시면 누가 우리를 대적하리요"(롬 8:31b)라고 선언한다. 애초에 하나님은 우리를 위하여 "예수를 … 화목제물로"(롬 3:25) 세우셨다. 즉 예수님을 죽인 자는 대제사장도 바리새인도 아니었다. 바로 하나님 자신이셨다. 따라서 "자기 아들을 아끼지 아니하시고 우리 모든 사람을 위하여 내주신 이가 어찌 그 아들과 함께 모든 것을 우리에게 주시지 아니하겠느냐"(롬 8:32)는 선언이 이어진다. 그 무엇도 성령으로 입양된 하나님의 자녀들을 고발하거나 정죄할 수 없다(롬 8:33-34).

연약한 중에도 끝내 소망을 간직하는 자의 탄식을 하나님은 들으신다. 성령은 말할 것도 없고 우리를 위해 "죽으셨을 뿐 아니라 다시 사신 그리스도 예수, 그분도 또한 하나님 우편에 계시며 또한 우리를 위해 청원하시기"(롬 8:34, 사역) 때문이다. '현재의 고난'에 절망하며 탄식할 때 성도는 오히려 삼위일체의 돌보심을 체험한다. 이를 아는 바울은 마침내 "누가 우리를 그리스도의 사랑에서 끊으리요"(롬 8:35)라고 외친다. 동시에 평생 자기의 길을 막아 온 걸림돌들을 향하여 결연하게 선전포고를 던진다. 그건 두렵고 살벌한 것들이다. 예수를 위해 살기 때문에 그의 몸에 직접적으로 가해지는 "환난, 곤란, 박해, 배고픔, 벌거벗김, 위험, 칼"(롬 8:35, 사역)이었다. 그는 "종일 주를 위하여 죽임을 당하게 되며 도살할 양같이 여김"(롬 8:36)받는 삶을 자처했다. 예수의 뜻을 좇아 복음을 위해 위험과 죽음을 감당하는 삶이었다.

여기서 우리는 차원이 다른 믿음을 본다. 복음 안에 담긴 하나님의 사랑과 은혜의 가치를 진실로 깨닫고 감사하는 삶. 절망을 만날 때마다 그 절망까지 주님께 맡기고 끝내 사명을 이루려는 숭고한 경지. 깃털 같은 절망에 근본까지 흔들리는 우리가 깊이 깨닫을 차원이다.

결국 바울은 예수의 피로 의롭다 하시고 성령으로 이끄시며 탄식 중에 돌보시는 하나님을 믿기에 "이 모든 일에 우리를 사랑하시는 이로 말미암아 우리가 넉넉히 이기느니라"(롬 8:37) 하고 미리 선언한다. 이 최후 승리를 확신한 것은 세상 그 무엇도 "우리를 우리 주 그리스도 예수 안에 있는 하나님의 사랑에서 끊을 수 없으리라"(롬 8:39)는 진리를 누구보다 깊이 믿고 있었기 때문이다.

이처럼 성도의 인내와 투쟁을 바울 자신의 선교 상황과 맞물리게 한 것은 다분히 의도적이었다. '견고한 교회'(롬 1:11)의 실체를 주입시키려는 것이다. 바울은 로마교회가 더 깊이 복음을 깨달아 성령이 주시는 빚진 자 사상을 회복하고, 그의 복음 전파에 기꺼이 동참하게 만들고자 했다. 나아가 그 과정에서 당할 고난을 함께 감내할 만한 견고한 교회로 성숙시키고자 했다.

그는 지금 스페인 선교를 계획하고 로마교회의 동역을 소망한다(롬 15:23-24). 따라서 긴 복음 설명을 마친 바울은 이제 로마교회를 구체적인 복음 전파의 자리로 이끈다. 그리하여 마침내 로마서의 후반부가 시작된다.

### 전반부 정리, 후반부 미리 보기

바울은 드디어 복음에 대한 긴 설명을 마쳤다. 그 핵심은 '누구든지 예수를 믿으면 구원을 얻는다'이다. 유대인이나 헬라인이나 모두 죄인이므로 유대인이나 헬라인이나 모두 믿음을 통해 구원을 얻는다.

이제 바울은 로마교회의 관심을 '복음 전파' 쪽으로 돌리려 한다. '유대인도 헬라인도 구원받는다'를 '유대인도 헬라인도 구원하자'로 전환시킨다. 하지만 쉬운 일이 아니었다. 유대인과 이방인의 입장이 서로 달라서다. 그래서 9장부터 바울의 고군분투가 더 심각해진다. 특히 '유대인도 헬라인도'의 균형을 맞추기 위해 부단한 '시소 타기'를 시도한다. 결과적으로는 유대인 쪽에 더 신경을 쓰는데, 이는 바울의 복음에 유대인들을 오해시킬 요소가 더 많았기 때문이다.

'누구든지 믿음으로 구원'이라는 원칙은 필연적으로 율법의 가치와 유대적 선민사상을 폄하시킨다. 율법주의자들이 율법을 행치 않는다고 비판했고(롬 2:1-5; 17:1-29), 율법으로는 죄를 깨달을 뿐임도 강조했고(롬 3:20; 5:13, 20) 나아가 '아브라함의 자손'이라는 특권의식도 무참히 깨뜨렸다(롬 4장). 물론 율법이 복음을 재각성시키고 성결한 삶과 성령의 내주하심에 필요하다고도 했지만 모든 충격을 완화하기엔 부족했다. 게다가 이런 분위기는 이방인들에게 뭔지 모를 으쓱함도 주었고 나아가 유대인들을 무시할 빌미까지 주었다. 이런 분위기를 예측케 하는 구절이 "하나님은 다만 유대인의 하나님이시냐 또한 이방인의 하나님은 아니시냐 진실로 이방인의 하나님도 되시느니라"(롬 3:29)이다. 이제부터 시작되는 후반부의 '예수 그리스도 전파'(롬 16:24), 즉 선교에 대한 이야기는 반드시 이를 염두에 두어야 올바로 풀린다.

| 전반부 요약 | |
| --- | --- |
| 롬 1:1-15 | 서론 |
| 롬 1:16-17 | 복음의 대전제 |
| 롬 1:18-32 | 이방인은 죄인이다 |
| 롬 2:1-29 | 유대인도 죄인이다 |
| 롬 3:1-8 | 암초1: 6장의 죄와 은혜 논쟁 예고편 |
| 롬 3:9-18 | 모두가 죄인이다 |
| 롬 3:19-30 | 오직 예수를 믿음으로 의롭게 된다 |
| 롬 3:31 | 암초2: 7장의 율법 파기 논쟁 예고편 |
| 롬 4:1-25 | 예화1: 아브라함을 보라 |
| 롬 5:1-11 | 암초3: 8장의 환난 중의 소망 예고편 |
| 롬 5:12-21 | 예화2: 아담을 보라 |
| 롬 6장 | 죄와 은혜 논쟁 |
| 롬 7장 | 율법 파기 논쟁 |
| 롬 8장 | 승리하는 신앙 |

# 본론 후반부: 바울의 선교

전반부의 복음 설명은 유대인 계통을 자주 주눅 들게 하였다. 바울 스스로 이를 느끼고 잠깐 수습을 시도한 적도 있었다(롬 3:1-2, 31). 그의 최종 목표는 결코 유대인 비하가 아니었다. 유대인이든 헬라인이든 모두 구원하시는 하나님을 전하는 것이었다. 이 균형을 지키려는 바울의 노력을 기억하며 후반부에 들어가 보자.

### 이스라엘을 향한 근심과 고통(롬 9:1-5)

바울은 "나에게 큰 근심이 있는 것과 마음에 그치지 않는 고통"(롬 9:1)이 있음을 고백한 후, 그 이유가 "육신으로 나의 동족 된 형제들을 위해서라면 나 자신이 그리스도로부터 저주받기를 간구하기 때문이니 그들은 이스라엘 사람들"(롬 9:3, 사역)이라고 고백한다. '간구하다'(개역개정은 '원하다')로 번역한 '유코마이'(εὔχομαι)는 기도의 의미를 가진다(요삼 1:2의 '간구하노라'와 같은 단어). 전반부 끝에서 그 무엇도 자기를 하나님의 사랑에서 끊을 수 없다고 외쳤던 바울이(롬 8:39) 돌연 이스라엘을 위해서는 저주라도 받겠다 한 것은, 그만큼 유대인의 구원을 간절히 바란다는 뜻이다.

바울은 일단 유대인을 옹호하기 시작한다. 전반부에서 꺼내다만 '유대인의 나음'(롬 3:1-2)을 다시 소급하여 나열한다. 유대인들에게는 "양자 됨과 영광과 언약들과 율법을 세우신 것과 예배와 약속들이 있고 조상들도 그들의 것이요 육신으로 하면 그리스도가 그들에게서 나셨"(롬 9:4-5)다는 것이다. 이것은 분명 유대인 계통의 기를 살려 주기 위함이다. 하지만 주의할 것이 있다. 사실 이 항목들은 이제 더 이상 유대인만의 자랑거리가 아니다. '양자 됨'(롬 8:15, 23), '영광'(롬 5:2; 6:4; 8:18, 21), '약속'(롬 4:13, 14, 16) 등의 품목은 이미 이방인도 소유할 수 있다. 심지어 '언약'(디아테케, διαθήκη)과 예배(라트레이아, λατρεία)도 잠시 후 이방인과 공유할 품목임이 드러난다(롬 11:27; 12:1).

결국 유대인만의 것은 '율법을 세우심'(즉 율법 제정)과 '조상들' 그리고 '그리스도가 유대인 출신이심'뿐이다. 이미 나왔던 '유대인의 나음'(롬 3:1-2)도 "그들에게 하나님의 말씀들이(즉 구약성경) 맡겨졌다"(롬 3:2, 사역)이다. 이들은 사실 역사 속에 저절로 주어진 것일 뿐 유대인의 특별한 공적이 아니다. 무엇보다 이 항목들 역시 지금은 이방인과 공유한다.

따라서 전체 분위기를 잘 읽어야 한다. 바울은 분명 유대인의 위상을 신경 쓰지만 유대인만 특별하다는 결과가 쉽게 나오지 않는다. 겉으론 칭찬 같으나 근본은 아쉬움과 안타까움이다. 현재 이방인의 소유가 된 것들이 본래 유대인의 것이었다고 한탄하는 셈이다. 유대인도 속히 이를 회복해야 하는데 지금 그들은 너무 멀리 있다. 그러니 마음이 근심과 고통으로 가득하다. 이게 바울의 진심이었다. 이 모두는 그의 복음이 유대인이나 헬라인이나 차별이 없다는 원칙에서 발생하는 필연적인 결과다.

### 약속의 자녀가 아브라함의 씨다(롬 9:6-9)

곧이어 바울은 4장에서 이미 설명했던 아브라함을 다시 소환한다. "그러나 하나님의 말씀이 폐하여진 것 같지 않도다 이스라엘에게서 난 그들이 다 이스라엘이 아니요 또한 아브라함의 씨가 다 그의 자녀가 아니라 오직 이삭으로부터 난 자라야 네 씨라 불리리라"(롬 9:6-7). 이 구절이 '그러나'로 시작함에 유의하자. 바울은 방금 유대인을 긍정적으로 언급했다. 하지만 그의 목표는 한쪽만 높이는 게 아니다. '유대인이나 헬라인이나' 즉 '누구든지'가 그의 복음과 선교의 핵심이다. 방금 유대인들을 좀 높였지만 이방인까지 아끼시는 하나님의 말씀은 여전히 유효하다.

그래서 지금 등장한 '아브라함의 씨' 이야기는 잘 봐야 한다. 결국 '혈통'보다 '약속'이 우선이라는 주제다. 다시 말해 이방인도 아브라함의 자손이 될 수 있다는 4장 이야기의 연속이며 나아가 아브라함 혈통임을 자랑하는 유대인들에게 다시 가하는 일침이다. 종종 이 구절을 거꾸로 보고 유대인 혈통만 아브라함의 자손이라는 의미로 오해한다. "오직 이삭으로부터 난 자라야 네 씨라 불리리라"(롬 9:7b) 하는 구절 때문이다. 하지만 여기서 이삭은 혈통이 아니라 약속을 강조하기 위한 매개체다. "약속의 말씀은 이것이니 … 사라에게 아들이 있으리라 하심"(롬 9:9)에서 보듯 성경은 이삭이 약속의 말씀으로 태어났음을 강조한다. 따라서 이 '이삭으로부터 난 자' 이야기는 "육신의 자녀가 하나님의 자녀가 아니요 오직 약속의 자녀가 씨로 여기심을 받느니라"(롬 9:8)라는 결론으로 마친다.

이때 나온 '약속'(에팡겔리아)과 '씨'(스페르마, σπέρμα)라는 개념은 이미 4장의 아브라함 예화에서 나온 개념이다. "아브라함이나 그 '후손'(본래는 '씨', 스페르마)에게 세상의 상속자가 되리라고 하신 '언약'(본래는 '약속', 에팡겔리아)은 율법으로 말미암은 것이 아니요 오직 믿음의 의로 말미암은 것이니라. 만일 율법에 속한 자들이 상속자이면 믿음은 헛것이 되고 약속(에팡겔리아)은 파기되었느니라"(롬 4:13-14). 함께 나오는 '상속자'(클레로노모스)라는 개념 역시 유대 혈통뿐 아니라 이방인도 함께 얻는 지위이다. 누구든지 믿으면 성령으로 입양되어 하나님의 자녀가 되고 "자녀이면 또한 상속자(클레로노모스) 곧 하나님의 상속자(클레로노모스)"(롬 8:17)가 되는 영광을 얻기 때문이다.

따라서 여기 나온 '이삭으로부터 난 자'는 유대인만이 아니라 '약속'을 받은 모든 사람 곧 '믿는 모든 자'를 의미한다. 또한 이때의 '이삭'은 유대인만의 특별함을 나타내는 존재가 아니라 유대 혈통을 초월한 약속의 상징으로서 이방인까지 포용하는 존재다.

### 야곱'도' 사랑하시는 하나님(롬 9:10-24)

이상의 아브라함 이야기는 잠시 치켜세워 준 유대인의 위상을 다시 격하시켰다. 결국 이 모두는 유대인이나 이방인이나 모두 평등한 자리에 놓으려는 바울의 힘겨운 시소 타기다. 이제 그는 유대인을 다시 높여야 했다. 그래서 이삭의 두 아들 '야곱과 에서' 이야기가 이어진다.

외형만 보면 방금 본 이삭 이야기의 연장 같다. 하지만 주제가 완전히 다르다. 먼저 "그러나 이뿐만이 아니다"(롬 9:10, 사역, 우 모논 데, Ου μόνον δέ)라는 역접적인 선언을 보자. 이삭을 통한 '약속의 자녀'는 아브라함의 혈통을 넘어 이방인까지 포함한다. 그러나 '이방인 포용'만이 전부는 아니다. 이방인뿐 아니라 이스라엘을 위한 계획도 당연히 존재한다.

그 계획은 일단 '하나님 마음대로'다. 인간이 개입할 수 없고 심지어 "아직 나지도 아니하고 무슨 선이나 악을 행하지 아니한 때에 택하심을 따라 되는 하나님의 뜻이 행위로 말미암지 않고 오직 부르시는 이로 말미암아 서게 하려"(롬 9:11) 하신다. 하나님이 인간의 운명을 본인 마음대로 결정하신다는 것이다. 그래서 자주 칼빈의 이중 예정론의 근거가 된다. 이어지는 "내가 야곱은 사랑하고 에서는 미워하였다"(롬 9:13)까지 더하여 하나님이 창세전에 누구는 사랑해서 구원을 예정하셨고 누구는 미워하여 멸망을 결정하셨다는 '선택과 유기' 이론이 나왔다.

이는 로마서를 크게 잘못 읽은 것이다. 바울의 말은 그게 아니다. 만약 그렇다면 지금까지의 논의에서 하나님이 사랑하신 야곱의 위상은 늘 솟구치고 미워하신 에서는 끝내 멸망의 자손으로 묘사되었어야 한다. 하지만 그렇지 않았다. 정반대다. 바울은 에서 계통의 사람들 곧 이방인들도 믿음으로 구원받고 아브라함의 자손이 되고 거룩함에 이른다고 지금까지 강조 또 강조해 왔다.

바울의 핵심은 간단하다. 야곱 계통'도' 하나님이 '여전히' 사랑하신다는 것이다. 이방인들이 구원받고 있는 현재의 분위기 때문에 하나님이 이제는 야곱을 버리고 도리어 에서 쪽만 사랑하신다고 오해하지 말라는 것이다. 이 구절은 본래 말라기 1장 2-3절의 인용이다. 바울 마음대로 문장을 다듬을 수 없었기에 오해의 소지가 남은 것이다.

다르게 보면 이 역시 의도적이었을 수 있다. 바울에겐 이방인들의 교만을 꺾으려는 의도도 분명히 있었기 때문이다(롬 11:13-24, 특히 11:18 참조). 오직 믿음의 법으로 구원받는다는 말에 어떤 이방인 신자들은 이제 유대인들이 버림받았다고 생각했다. 그래서 선민의 식과 율법적인 자랑(롬 2:17-29)으로 기고만장했던 유대인 계통을 업신여기는 분위기가 있었다. 그래서 바울은 다시 유대인 옹호에 들어간 것이다. '이방인들아 너희를 긍휼히 여기신 하나님은 본래 야곱도 긍휼히 여기시는 분이다'라고 말이다(이것이 11장 18절의 '그 가지들을 향하여 자랑하지 말라'로 발전했다). 예전에 에서 계통을 미워하신 것 같지만 지금 이렇게 사랑하시는데 하물며 처음부터 택하신 야곱을 여전히 사랑하시는 게 얼마나 당연하냐고 말이다.

그러므로 이 '야곱 사랑, 에서 미움'의 주제는 결국 "긍휼히 여기시는 하나님"(롬 9:16, 15)으로 귀결된다. 독선적으로 야곱만 사랑하신다면 '긍휼'이란 개념이 끼어들 필요가 없다. 하나님은 누구를 긍휼히 여기실까? 야곱과 에서 '둘 다'이다. 로마서의 주제가 그것이다. 하나님은 '유대인이나 헬라인이나' 모두를 긍휼히 여기신다.

이 모두는 뒤이어 나오는 '토기장이 비유'에서 확실해진다. "토기장이가 진흙 한 덩이로 하나는 귀히 쓸 그릇을, 하나는 천히 쓸 그릇을 만들 권한이 없느냐"(롬 9:21) 하고 바울은 묻는다. 여기서 귀한 그릇은 당연히 야곱과, 천한 그릇은 에서와 연결된다. 여기까지만 들으면 하나님께서 누구는 귀히 여기시고 누구는 천히 여기겠다고 미리 작정하신 것 같다. 바울의 말이 과연 그것일까? 이 두 그릇은 똑같이 불쌍히 여김을 받는다. 그것이 토기장이 비유의 핵심이다. 하나님은 "멸하기로 준비된 진노의 그릇을 오래 참으심으로 관용-"(롬 9:22)하신다. 동시에 "영광을 위하여 그가 예비하신 긍휼의 그릇"(롬 9:23, 사역)을 말 그대로 긍휼의 그릇으로 보시고 불쌍히 여기신다.

'진노의 그릇'은 이방인이요 '영광의 그릇'은 당연히 야곱 계통이다. 두 그릇의 시작은 확실히 다르다. 하나는 진노를 위해 하나는 영광을 위해 태어난 것 같다. 왜 불공평했는지 아무도 모른다. 오직 그분 마음이다. 그게 "큰 자가 어린 자를 섬기리라"(롬 9:12), "내가 야곱은 사랑하고 에서는 미워하였다"(롬 9:13), "하고자 하시는 자를 긍휼히 여기시고 하고자 하시는 자를 완악하게 하시느니라"(롬 9:18)에 담긴 의미다. 하지만 이 불공평하고 어쩔 수 없는 운명에도 불구하고 하나님은 최종적으로 모두 다 긍휼히 여기신다. 다시 말해 유대인(야곱, 귀히 쓸 그릇, 영광을 위하여 예비하신 그릇)이나 헬라인(에서, 천히 쓸 그릇, 멸하기로 준비된 진노의 그릇)이나 전부 불쌍히 여기시고 관용하신다.

이처럼 원칙적으로 비참한 결과가 당연하다고 천역덕스럽게 주장하고는 곧이어 극적인 반전을 제시하는 것은 바울의 특별한 표현 기법이다. 우리는 이런 패턴을 3장에서도 보았다. '불신, 거짓, 불의의 인간이 신실, 참되심, 의의 하나님께 심판을 받음이 마땅하다' 선언했지만(롬 3:5-6), 결론은 '그럼에도 하나님께서 거짓된 인간에게 참되심을 풍성케 하셔서 그가 심판받지 않게 하신다'였다. 여기서도 마찬가지다. 바울은 처음에 하나님을 독선적이고 차별적인 분으로 묘사한다. 하지만 바울의 목표는 '그럼에도' 반전의 은혜를 주시는 하나님이다. 그래서 "이 그릇은 우리니 곧 유대인 중에서뿐 아니라 이방인 중에서도 부르신 자니라"(롬 9:24)라고 마무리된다.

결국 9장에 들어와서 바울은 동족 유대인에 대한 애타는 사랑을 고백하며 유대인의 우선성을 열거했다가(롬 9:1-5), "이스라엘에게서 난 그들이 다 이스라엘이 아니"(롬 9:6b)므로 혈통보다 약속이 더 앞선다며 이방인을 두둔한다(롬 9:6-9). 하지만 여전히 야곱도 사랑하신다고 했다가(롬 9:10-18), 결국 둘 다 긍휼히 여기신다고 결론지었다(롬 9:19-24).

이 모두는 유대인과 이방인 사이의 균형을 맞추려는 바울의 애타는 시소 타기이다. 그래서 "유대인 중에서뿐 아니라 이방인 중에서도 부르신 자"(롬 9:24)라는 말이 최종 결론으로 나온 것이다. 이 표현은 로마서의 세 번째 특징인 '유대인이나 헬라인이나'와 똑같은 의미로서 정확히 'A뿐 아니라 B도'의 형태이다(우 모논 A 알라 카이 B, οὐ μόνον A ἀλλὰ καὶ B, 영어로는 not only A but also B). 모든 것이 로마서 주제 그대로다. 이제껏 바울이 강조해 온 복음의 정신과 정확히 일치한다. "이 복음은 모든 믿는 자에게 구원을 주시는 하나님의 능력이 됨이라 먼저는 유대인에게요 그리고 헬라인에게로다"(롬 1:16).

### 여전히 어리석은 유대인들(롬 9:25-33)

전반부에 비해 확실히 바울은 유대인의 위상을 높이려고 애쓴다. 하지만 여전히 시소 타기에 머무는 이유는 유대인들이 현실적으로 복음에 잘 순종하지 않아서다. 그래서 이야기는 자꾸 공회전한다.

'긍휼히 여기시는 하나님'(롬 9:16)께 실제로 혜택을 입고 있는 것은 주로 이방인들이다. 바울은 이런 현실을 수긍한다. 그래서 호세아의 글을 인용한다. "내가 내 백성 아닌 자를 내 백성이라 사랑하지 아니한 자를 사랑한 자라 부르리라"(롬 9:25; 호 2:23). 동시에 이사야의 글도 인용한다. "이스라엘 자손들의 수가 비록 바다의 모래 같을지라도 남은 자만 구원을 받으리니 … 만일 만군의 주께서 우리에게 씨를 남겨 두지 아니하셨더라면 우리가 소돔과 같이 되고 고모라와 같았으리로다"(롬 9:27, 29; 사 1:9; 10:22 이하).

이렇게 된 이유는 "이방인들이 의를 얻었으니 곧 믿음에서 난 의요 의의 법(곧 율법)을 따라간 이스라엘은 율법에 이르지 못하였"(롬 9:30-31)기 때문이다. 바울은 이를 이렇게 설명했었다. "하나님 앞에서는 … 오직 율법을 행하는 자라야 의롭다 하심을"(롬 2:12) 얻고, "율법의 행위로 그의 앞에 의롭다 하심을 얻을 육체가 없"(롬 3:20)다고 말이다. 결국 그들은 "부딪칠 돌에 부딪"(롬 9:32)쳤다. 이 고백 속에는 바울의 묘한 심경이 겹쳐 있다. 뿌듯함과 아쉬움이다. 현실적으로 보면 지금 하나님의 사랑은 이방인을 더 향하신 것 같다. 이방인의 사도로서 당연히 기쁜 일이다. 하지만 이스라엘의 구원 가능성은 아주 낮아서 '남은 자'와 '씨' 정도다. 이것이 바울을 슬프게 한다. 자신을 포기해서라도 이스라엘을 구원하고 싶은 열망이 인다. 그래서 10장이 시작된다.

## 절대 하면 안 되는 말(롬 10:1-7)

바울은 동족에 대한 안타까움을 다시 토로한다. "형제들아 내 마음에 원하는 바와 하나님께 구하는 바는 이스라엘을 위함이니 곧 그들로 구원을 받게 함이라"(롬 10:1). 하지만 아무리 절절해도 구원에는 원칙이 있다. 이스라엘은 이 원칙을 거부하고 율법만 따르는 중이다.

이미 말했듯이 "율법에서 나온 그 의를 행하는 사람은 그 의 안에서(즉 그 의를 지키며) 살아야 한다"(롬 10:5, 사역, 레 18:5 인용). 개역개정에서 '살리라'라고 번역된 미래형 동사는 로마서에서 의무로 해석되어야 바울의 의도에 맞다. 그는 "오직 율법을 행하는 자라야 의롭다 하심을"(롬 2:12) 얻는다고 가르쳤다. 하지만 누구도 율법을 온전히 지킬 수 없다. 따라서 "그들(유대인)이 하나님께 열심이 있었으나 올바른 지식을 따른 것이 아니"(롬 10:2)고 결국 "자기 의를 세우려고 힘써 하나님의 의에 복종하지 아니"(롬 10:3)한 결과만 초래했다. 율법의 의로 인간은 구원받을 수 없다. "그리스도는 모든 믿는 자에게 의를 이루기 위하여 율법의 마침이"(롬 10:4) 되셨다. 그러므로 이제 믿음의 의를 따라야 한다. 그게 율법의 의를 이루는 유일한 방법이다. 믿음의 의가 율법의 의를 종결시켰기 때문이다.

이런 상황에서 바울은 "믿음으로 말미암는 의"(롬 10:6)의 특징을 설명한다. 먼저 이 '의'는 다음 두 가지의 말을 절대 하지 않는다(개념의 의인화는 고대 수사학에서 자주 쓰이던 기법이다).

첫째는 "누가 하늘에 올라가겠느냐"(롬 10:6)이다. 이 말은 바울이 신명기의 모세의 말 "누가 우리를 위하여 하늘에 올라가 그의 명령을 우리에게로 가지고 와서 우리에게 들려 행하게 하랴 할 것이 아니요"(신 30:12)를 인용한 것이다. 모세의 말은 하나님의 율법이 "먼 것도 아니요 어려운 것도 아니라 하늘에 있는 것이 아니"(신 30:11-12a)라는 것이다. 다시 말해 "네가 이를 행할 수 있느니라"(신 30:14)가 핵심이다.

그러면 "이스라엘은 율법에 이르지 못하였"(롬 9:31)다는 바울의 주장은 구약에 어긋나는 것일까? 아니다. 바울은 율법 자체를 부정한 적이 없다. 다만 율법을 행위로써 완성하려는 태도가 문제다. 행위로는 불가능하며 오직 믿음으로만 가능하다. 오직 예수의 "의로운 행위로 말미암아 많은(본래는 파스 즉 '모든') 사람이 의롭다 하심을 받아 생명에 이르"(롬 5:18)게 된다.

모세의 '하늘 오름 금지'와 바울의 '하늘 오름 금지'는 같은 의미이다. 하늘에 오르지 않아도 율법을 완성할 수 있다는 말이다. 그리스도가 스스로 하늘에서 내려와 이를 이루셨다. 따라서 모세의 말은 예언이고 바울의 말은 그에 대한 성취임이 드러난다. 하지만 이게 다가 아니다. 이 금지된 말에 "그리스도를 모셔 내리려는 것"(롬 10:6b)이라는 평가가 붙어 있다. 바울은 여기서부터 구약을 뛰어넘는 기독교적 사고를 보여 준다. 그것은 바로 주님의 승천과 부활이다. 즉 이런 말을 하는 자는 그리스도의 신성과 부활을 의심하는 것이라는 의미를 더했다. 로마서에는 '하늘'(우라노스, οὐρανός)이라는 단어가 희박한데(이외 롬 1:18뿐) 다른 서신을 보면 그리스도는 "하늘에서 나셨"(고전 15:47)고 땅에 "내려오셨던 그는 곧 모든 하늘 위로 올라가신 분"(엡 4:10, 사역)으로 묘사된다. 즉 예수의 하강은 '죽음'을 위해서고 승천은 '부활'로 성취되었다.

동시에 그리스도를 믿는 자들도 "하늘에 속한 자"(고전 15:48)이다. 그들의 "시민권은 하늘에 있"(빌 3:20)고 구원이 완성되면 "하늘에 있는 영원한 집"(고후 5:1)에서 살 것이다. 따라서 믿는 자는 결코 그리스도의 승천과 성도의 천국 소망을 비웃으면 안 된다. 그건 "하늘에서 나셨"고 이 땅에 내려와 죽으시고 부활하신 후 다시 "하늘 위에 오르신 자" 되신 "그리스도를 모셔 내리려는 것"(롬 10:6b)이다. 다시 말해 예수의 부활을 부인하고 신성하신 그리스도를 끌어내리는 모독이며(새번역은 '끌어내리는 것'으로 번역함) 동시에 그 공로로 성도가 얻을 부활의 영광까지 부정하는 것이다.

둘째로 '의'가 하지 않는 말은 "누가 무저갱에 내려가겠느냐"(롬 10:7)이다. 이 말은 구약의 인용이 아니지만 첫째 질문과 병행을 이룬다. 중요한 것은 '무저갱'(아뷔소스, ἄβυσσος)의 의미다. 이 말은 바울이 여기서 딱 한 번만 쓴 단어라 그의 사상에서 비교할 곳이 없다. 성경 전체에는 총 아홉 번 나오는데 '귀신'이나 '황충'(눅 8:31; 계 9:1, 2) 혹은 그 우두머리 격인 '아바돈', '아볼루온', '짐승', '용'(계 9:11; 11:17; 17:8; 20:1,3) 등을 가두는 곳이다. 하지만 이 '무저갱'이 첫째 질문의 '하늘'과 대조되고 동시에 뒤에 나오는 '죽은 자 가운데'와 연결됨을 보면 심판과 멸망의 이미지가 분명하다.

이 질문은 결국 죄인의 심판과 처벌을 의심하는 내용이다. 믿는 이는 이런 말을 하면 안 된다. 왜냐하면 복음의 출발점이 "하나님의 진노가 하늘로부터"(롬 1:18) 나타나고 죄인들은 "사형에 해당"(롬 1:32)하는 것이기 때문이다. 이 죄와 심판 때문에 그리스도가 십자가에서 죽으셨다. 그의 죽으심이 심판과 멸망의 값을 대신 치르셨다. 따라서 이를 의심함은 곧 그리스도의 속량을 부인함이다. 우리를 위해 죽으시고 죽은 자들 가운데 묻히신 사실을 부인하는 것이다. 이것이 바로 "그리스도를 죽은 자 가운데서 모셔 [끌어] 올리려는 것"(롬 10:7b)이다.

정리하면 이렇다. 첫째와 둘째 질문을 합치면 '대체 천국과 지옥이 어디 있냐?'가 된다. 이런 태도는 그리스도의 죽음과 부활과 승천을 통째로 부인하는 것이다. 믿지 않는 자는 이런 생각을 품고 살다가 멸망한다. 그런데 믿는다는 자들 중에도 이런 생각을 하는 자가 있다. 그런 믿음은 가짜다. 성도는 절대 그리스도의 죽음과 부활과 승천을 부인하는 말을 하지 않는다. 그리스도를 믿는다면서 그리스도를 모독하는 것이다. 이것이 바울의 논지다. 과학과 지성이라는 명목으로 지식 있다는 자들이 주님의 십자가와 부활의 역사성을 부인하는 경향이 점점 늘고 있다. 심지어 그런 자가 더 많이 깨달았고 남보다 깊이 믿는다고 자부한다. 그들에게 주시는 하늘의 경고이다.

## 반드시 해야 할 말 (롬 10:8-15)

믿는 자가 절대 하면 안 될 말을 가르친 바울은 이제 "그러면 무엇을 말하느냐"(롬 10:8) 하고 운을 뗀다. 못할 말이 있지만 꼭 해야 할 말도 있다는 것이다. 바울은 먼저 그 말씀이 "네게 가까워 네 입에 있으며 네 마음에 있다"(롬 10:8)고 전제한다. 이 말 역시 신명기서 같은 단락의 인용이다. 모세는 하나님의 명령이 "어려운 것도 먼 것도 아니라 하늘에 있는 것이 아니"(신 39:11-12a)라고 한 후 "오직 그 말씀이 네게 매우 가까워서 네 입에 있으며 네 마음에 있은즉 네가 이를 행할 수 있느니라"(신 30:14)라고 말했다.

여기서 바울 사상의 발전 과정이 드러난다. 그는 과거에 누구보다 율법에 정통하고 열심이었지만(행 22:3; 빌 3:6) 인간의 행위로 이를 완성할 수 없음을 깨달았다. 따라서 모세가 말한 '그 말씀'은 더 이상 일반적인 율법이 아니다. 거기에는 "네가 이를 행할 수 있느니라"(신 30:14b)가 절대로 붙을 수 없었다. 그러자 바울은 모세의 '그 말씀'이 곧 그리스도에 대한 예언임을 깨달았다. 그리스도만이 율법의 의를 완성시킬 수 있다. 그러므로 모세의 '행할 수 있는 말씀'은 예수에 대한 말씀 곧 복음뿐이다. 오직 그를 통해서만 인간이 의를 얻는다.

따라서 믿는 자가 반드시 입으로 해야 할 말이 있다. 그것은 "네 입으로 예수를 주로 시인"(롬 10:9)하는 것이다. 이 고백은 "하나님께서 그를 죽은 자 가운데서 살리신 것을 네 마음에 믿으면"(롬 10:9)

자연히 나오는 고백이다. 이때의 '입의 시인'과 '마음의 믿음'을 분리하려는 노력은 별 의미가 없다. 개역개정의 '또'라는 표현은 두 문장을 이어 주는 "그리고"(카이, καί)일 뿐이다. 이것은 순서를 말하는 것도 아니다. 바울은 곧 순서를 바꾸어 "사람이 마음으로 믿어 의에 이르고 입으로 시인하여 구원에 이르느니라"(롬 10:10)라고 말한다.

진짜 핵심은 다른 데 있다. 바울이 주목시키려는 것은 이 성취된 말씀이 바로 "우리가 전파하는 믿음의 말씀"(롬 10:8b)이라는 사실이다. 복음은 그 무엇보다 중요하다. 인간을 믿어 구원케 하는 '믿음의 말씀'이다. 율법의 행위나 구약의 표면적인 진술을 훨씬 능가한다. 그런데 이 믿음의 말씀을 누가 전하는가? 바로 "우리가 전파"(롬 10:8)한다. 다시 말해 바울이 복음 전파의 주축이다. 여기서 바울의 오래 묵혀 온 본심이 드러난다. 믿음의 "말씀이 네게 가까워 네 입에 있으며 네 마음에 있"(롬 10:8a)도록 만드는 사람은 바로 바울이다. 이 사명은 너무도 중요하다. '복음'(유앙겔리온) 전파만이 사람을 구원하므로 바울은 "아름답도다 좋은 소식을 전하는(유앙겔리조, εὐαγγελίζω) 자들의 발이여"(롬 10:15)라며 자찬한다.

그는 자기가 전하는 복음의 무차별성을 다시 강조한다. "성경에 이르되 누구든지 그를 믿는 자는 부끄러움을 당하지 아니하리라 하니 유대인이나 헬라인이나 차별이 없음이라 한 분이신 주께서 모든 사람의 주가 되사 그를 부르는 모든 사람에게 부요하시도다"(롬 10:11-12). 여기서 '주'(퀴리오스, κύριος)는 당연히 모든 사람을 담당하신 예수 그리스도다. 누구든지 "네 입으로 예수를 주로 시인하면"(롬 10:9), 다시 말해 "누구든지 주의 이름을 부르는 자는 구원을"(롬 10:13) 받는다.

하지만 이 일이 실제로 일어나려면 반드시 필요한 과정이 있다. 사람은 '믿어야' 주님을 부를 수 있고 '들어야' 믿을 수 있고 '전파해야' 들을 수 있고 '보내심을 받아야' 전파할 수 있다(롬 10:14-15). 이 과정대로 10장 13-15절을 역순으로 정리하면 이렇다. "보내심을 받지 아니하였으면 어찌 전파하리요, 전파하는 자가 없이 어찌 들으리요, 듣지도 못한 자를 어찌 믿으리요, 그런즉 그들이 믿지 아니하는 이를 어찌 부르리요, 누구든지 주의 이름을 부르는 자는 구원을 받으리라"(롬 10:15a-13).

여기서 바울의 본심은 더 뚜렷해진다. 구원의 복음이 전파되려면 누군가가 '보내심을 받아야' 한다. '보내심을 받다'(아포스텔로, ἀποστέλλω)에서 나온 말이 '사도'(아포스톨로스, ἀπόστολος)다. 바울은 편지를 시작할 때 자기가 "사도로 부르심을 받아 하나님의 복음을 위하여 택정함"(롬 1:1)을 입었다고 이미 밝혔다. 그러니까 그에게는 자격이 있다. 문제는 이 "사도의 직분"(롬 1:5, 아포스톨레, ἀποστολή)을 인정하고 바울의 선교에 힘을 보탤 자들이다. 바울은 로마교회가 자기의 동역자가 되어 주기를 소망했다.

지금까지의 복음과 선교에 대한 긴 논증은 이 공감을 끌어내기 위한 것이었다. 이를 통해 로마교회가 모든 일에 '넉넉히 이기는 경지'(롬 8:37)에 이르고, 나아가 '좋은 소식을 전하는 아름다운 사명'(롬 10:15b)에 동참하는 명예를 얻기를 바랐다. 이것이 바로 바울이 처음에 목표한 "너희를 견고하게 하려 함"(롬 1:11; 16:26)의 실체였다. 그래서 그의 "보내심을 받지 아니하면 어찌 전파하리요"(롬 10:15a)는 필연적으로 편지 말미의 "너희가 그리로(즉 스페인으로, 롬 15:23) 보내 주기를 바람이라"(롬 15:24)와 연결된다. 이는 뒤에서 자세히 논의할 것이다.

### 신비한 선교 전략: 시기의 법칙1 (롬 10:18-21)

방금까지 복음 전파를 강조하던 바울은 갑자기 쓴 고백 하나를 던진다. "그러나 모든 자가 다 복음에 순종했던 건 아니다"(롬 10:16, 사역. 본래 부분 부정이다). 바울은 일생 복음 전파에 매진했고 이방인 중에서 많은 열매도 맺었다(롬 1:5, 13; 15:18). 하지만 그의 복음은 유대인들에게 자주 거부당했고 심지어 이로 인해 "환난, 곤란, 박해, 배고픔, 벌거벗김, 위험, 칼"(롬 8:35, 사역)이 찾아왔다. 9장부터 시작된 유대인에 대한 안타까움은 바로 이 유대인 선교의 실패에 바탕을 둔 것이다. "그들이(즉 유대인들이 복음을) 듣지 아니하였느냐 그렇지 아니하니 그 소리가 온 땅에 퍼졌고 그 말씀이 땅 끝까지 이르렀도다"(롬 10:18, 시 19:4 인용). 유대인들은 듣고도 믿지 않았다.

그런데 이상한 일이 벌어졌다. 유대인들이 복음을 "버리고 영생을 얻기에 합당하지 않은 자로 자처"(행 13:46)하자 엉뚱하게 이방인들이 순종하기 시작했다. 은혜의 하나님이 "찾지 아니한 자들에게 찾은 바 되고 내게 묻지 아니한 자들에게"(롬 10:20, 사 65:1 인용) 나타나시는 일이 발생한 것이다. 이 아이러니에 바울은 오래 고민했다. 하나님은 이제 자기 백성을 버리신 것인가?

그러다가 마침내 하나님의 기이한 선교 전략을 알게 되었다. 그것은 바로 '시기'의 법칙이었다. 이방인들이 복음에 더 잘 순종하는 것은 하나님께서 "백성 아닌 자(이방인)로써 너희(유대인)를 시기하게 하며 미련한 백성(이방인)으로 너희(유대인)를 노엽게 하리라"는 작전이었다(롬 10:19). 하나님은 결코 유대인을 버리신 게 아니었다. 오히려 "이스라엘에 대하여 이르되 순종하지 아니하고 거슬러 말하는 백성(곧 유대인)에게 내가 종일 손을"(롬 10:21) 벌리고 계셨던 것이다. 이방인을 먼저 구원하시는 '시기'의 법칙을 통해서 말이다.

### 신비한 선교 전략: 시기의 법칙2 (롬 11:1-24)

그래서 바울은 이제 자신 있게 말한다. "하나님이 자기 백성을 버리셨느냐 그럴 수 없느니라"(롬 11:1a), 유대인들은 버림받지 않았다. 심지어 복음을 전하는 바울 자신도 "이스라엘인이요 아브라함의 씨에서 난 자요 베냐민 지파"(롬 11:1b-2)이다. "하나님이 그 미리 아신 자기 백성을 버리지 아니하셨"(롬 11:2)다.

이에 대한 증거가 엘리야 시대다. "바알에게 무릎을 꿇지 아니한 사람 칠천 명을 남겨"(롬 11:4) 두었던 것처럼 "이와 같이 지금도 은혜로 택하심을 따라 남은 자"(롬 11:5)가 있다. 조금 전에 부정적으로 꺼냈던 '남은 자와 씨 사상'(롬 9:27, 29)이 이제는 긍정적으로 재해석된다. 비록 현재의 이스라엘은 "오늘까지 그들에게 혼미한 심령과 보지 못할 눈과 듣지 못할 귀를 주셨다 함과 같지만"(롬 11:8, 사 29:10; 신 29:4) 그래도 그는 다시 외친다. "내가 말하노니 그들이 **넘어지기**(피프토, πίπτω)까지 실족하였느냐 그럴 수 없느니라 오히려 그들의 **범죄**(파라프토마, παράπτωμα)로 구원이 이방인에게 이르러 이스라엘로 시기 나게 함이니라"(롬 11:11, 사역. 개역개정이 겹쳐서 번역한 '넘어짐'을 본래 뜻인 '범죄'로 번역. 롬 5:15, 16, 17, 18, 20 등 참조).

이스라엘이 복음을 거부함으로 구원이 이방인에게 이르렀다. 이건 사실 바울 자신의 주도와 결단에서 시작했고(행 13:46) 이로 인해 동족들에게 무수한 핍박을 당했다. 이런 상황에서 보통 사람 같으면 유대인의 완악함에 치를 떨고 그들을 포기했을 것이다. 하지만 그는 그러지 않았다. 유대인들의 어리석음에서 멸망이 아니라 구원의 충만함을 보았다. 그래서 외쳤다. "그들의 **범죄**(파라프토마)가 세상의 풍성함이 되며 그들의 실패가 이방인의 풍성함이 되거든 하물며 그들의 충만함은 얼마나 더 크겠느냐"(롬 11:12, 사역).

이 긍정적인 시각은 이후로 계속 되풀이된다. "만약 그들의 거부가 세상의 화목이라면 그들의 수락은 죽음으로부터의 생명이 아니고 무엇이랴"(롬 11:15, 사역). 바울의 논리를 따르면 이 '거부와 수락'의 숨은 목적어는 당연히 복음이다. 바울은 다음 두 가지를 이야기하고 싶어 했다. 첫째, 이방인들이 풍성한 구원을 얻은 것은 유대인들의 '실족, 위반, 실패, 탈락' 덕분이다. 둘째, 그러나 유대인들이 끝나지는 않았다. 이제 곧 그들의 구원이 충만해지고 복음을 받아들이는 기적이 일어날 것이다. 이 과정에 작동하는 원리가 바로 '시기'의 법칙이다. 즉 "구원이 이방인에게 이르러 이스라엘이 시기 나게"(롬 11:11b) 된다는 것이다. 심지어 바울은 자기가 "이방인의 사도"(롬 11:13)가 된 것도 "내 골육을 아무쪼록 시기하게 하여 그들 중에서 얼마를 구원하려 함"(롬 11:14)이라고 밝혔다.

이런 진술들은 로마교회 내부의 이방인들을 자극할 가능성이 높다. 바울은 그래도 더 깊은 차원까지 들어간다. 이방인들에게 '그러니까 유대인을 향해서 교만하지 말라'고 으름장을 놓는다. 바로 '접붙임'의 비유다. 처음에 "가지 얼마가 꺾이었"(롬 11:17)다. 이 꺾인 가지 중에는 "돌감람나무에서 찍힘을 받은 가지"(롬 11:24)도 있고 "좋은 감람나무"(롬 11:24) 출신도 있다. 그런데 "돌감람나무인 네가(즉 이방인이) 그들 중에서 접붙임이 되어 참감람나무 뿌리의 진액을 함께 받는 자가 되었"(롬 11:17)다. 바울은 이 이방인들에게 "그 가지들을(즉 유대인을) 향하여 자랑하지 말라"(롬 11:18a) 명한다. "그들은 믿지 아니하므로 꺾이고 너는 믿으므로 섰느니라 높은 마음을 품지 말고 도리어 두려워하라"(롬 11:20).

이 경고는 점차 수위를 더하여 거의 협박 수준에 이른다. "하나님이 원가지들도 아끼지 아니하셨으니 너도 아끼지 아니하시리라 … 만일 하나님의 인자하심에 머물러 [있지] … 않으면 너도 찍히는 바 되리라"(롬 11:21-22). 그리고 이스라엘의 구원에 대한 비전으로 마무리된다. "네가 … 좋은 감람나무에 접붙임을 받았으니 원가지인 이 사람들이야 얼마나 더 자기 감람나무에 접붙이심을 [잘] 받으랴"(롬 11:24).

　바울은 왜 이렇게 유대인을 옹호할까? 왜 이렇게 로마교회에게 유대인을 무시하지 말라고 다그칠까? 여러 가지 이유가 있을 수 있다. 먼저 전반부(롬 1-8장)의 복음 설명이 로마교회의 유대인 계통을 기죽게 해서일 수 있다. 9장부터 나름 그들의 기를 살려 주려고 노력했지만 부정적인 발언을 다 걷어내기에는 역부족이었다. 그래서 지금 좀 과하게 이방인들을 윽박지른 것이다. 유대인과 이방인의 균형을 맞추려는 바울의 노력이다. 또 하나는 로마교회의 바울 지지자들 중 유대인 계통들을 위해서였을 수 있다. 바울과 막역했던 '브리스가와 아굴라'(롬 16:3)나 '안드로니고와 유니아'(롬 16:7)를 중심으로 한 유대인 그룹들의 기세도 살려 줄 필요가 있었다. 혹은 로마교회 외부의 회당 유대인들을 염두에 두었을 수도 있다. 로마교회가 회당 유대인에 대한 선교를 포기할까 하는 우려에서 이런 강조가 나왔을 수 있다. 어쩌면 다음 선교지로 계획한 서바나의 유대인들과의 접촉을 겨냥한 말일 수도 있다. 바울의 선교는 대부분 그 지역 유대인 회당을 거점으로 시작됐다. 따라서 서바나 선교의 후원자가 될 로마교회 이방인들에게 쓸데없는 오해를 사지 않으려고 미리 유대인 선교에 대한 긍정적인 이미지를 주려 했을 수도 있다(물론 당시 스페인에는 유대인들이 드물었을 것이라는 견해도 있다).

　하지만 이 모든 것에도 불구하고 가장 큰 동인은 이미 스스로 고백했듯이(롬 9:1-3; 10:1; 11:1-2a 등) 복음을 거부하고 핍박하는 동족에 대한 연민과 애착이었을 것이다. 이것은 바울이 자기가 가르치는 복음대로 예수님의 사랑을 따라 "아무에게도 악을 악으로 갚지 말고 모든 사람 앞에서 선한 일을 도모"(롬 12:17)하는 삶을 살았다는 증거이다.

### 신비한 선교 전략: 불순종의 법칙 (롬 11:25-36)

지금까지 바울이 말한 핵심은 '이방인이 구원받음으로 이스라엘이 시기하여 결국 그들도 구원에 이른다'는 법칙이다. 이 기이한 전략의 절정이 마침내 드러난다. 그것은 "이방인의 충만한 수가 들어오기까지 이스라엘의 더러는 우둔하게"(롬 11:25) 되었지만 결국 그 수가 다 차면 "온 이스라엘이 구원을 받으리라"(롬 11:26) 하는 것이다. 여기서 바울이 왜 그토록 이방인 선교에 매진했는지가 드러난다. 그가 이방인의 사도가 된 이유는 결국 유대인들을 구원하기 위함이었다(롬 11:13-14). 이것을 바울은 "신비"(롬 11:25, 뮈스테리온, μυστήριον)라고 칭하면서 로마교회도 이 신비에 동참하기를 원했다. 그 심정이 "형제들아 너희가 스스로 지혜 있다 하면서 이 **신비**를 너희가 모르기를 내가 원하지 아니하노니"(롬 11:25a)라는 구절에 담겨 있다.

이것이 '신비'인 이유는 '서로 원수'(롬 11:28)인 것처럼 보이는 유대인과 이방인이 결국 서로를 구원하는 존재이기 때문이다. 여기서 바울의 '유대인이나 헬라인이나'가 정점을 찍는다. 바울이 역설했던 복음의 평등함은 사실 이 상호보완의 원칙에서 나온 것이다. 여기서 하나님의 놀라운 섭리가 열린다. 하나님의 입장에서 보면 이 신비는 애초에 세상 모든 자를 다 구원하시려는 계획이었다. 애초에 원수처럼 보이던 유대인과 이방인은 사실 서로의 구원을 위해 존재한다. 처음에는 이방인들이 "하나님께 순종하지 아니하더니 이스라엘이 순종하지 아니함으로 이제 긍휼을"(롬 11:30) 입었다. 이 긍휼로 이방인들의 충만한 수가 구원을 받으면 결국 "온 이스라엘이 구원을"(롬 11:26) 받게 된다. 즉 "너희(이방인)에게 베푸시는 긍휼로 이제 그들도(유대인) 긍휼을"(롬 11:31) 얻게 된다.

이 긍휼의 사이클을 부른 것은 아이러니하게도 인간의 죄와 불순종이었다. 이방인도 유대인도 다 죄인이기에 긍휼을 통한 선교의 신비가 열렸다. 굳이 따지면 불순종이 긍휼을 부르는 원인이 된 것이다. 그래서 바울은 다시 이렇게 말한다. "하나님이 모든 사람을 순종하지 아니하는 가운데 가두어 두심은 모든 사람에게 긍휼을 베풀려 하심이로다"(롬 11:31). 이 말은 사실 무리수다. 핵심은 하나님의 사랑이다. 인간의 불순종을 심판하지 않고 긍휼히 여기신 그 사랑이 모든 은혜의 근원이다.

이미 바울은 하나님의 긍휼을 충분히 강조해 왔다(롬 4:5; 8:39). 그런데도 다시 이를 강조한 데는 바울의 현실이 반영되어 있다. 좋은 소식을 전하는 자는 늘 '불순종'과 만난다. 바울은 평생 복음에 불순종하는 자들과 씨름했다. 하지만 결코 좌절하거나 꺾이지 않았다. 누구에게나 구원받을 가능성은 항상 열려 있으므로 긍정적이었다. 모든 것이 하나님의 뜻 안에 있다고 믿었기에 바울은 그 불순종마저 하나님의 계획에 속한 것이라고 말한다. 그래서 사람이 불순종한 것마저도 하나님이 불순종에 가두셨기 때문이라고 말했다.

그래도 이 말은 모순이었다. 하나님이 긍휼을 주시려고 사람을 불순종하게 만드셨다는 말이 되기 때문이다. 여기서 바울은 자기의 논리가 한계에 도달했음을 깨닫는다. 잘못된 논리가 부른 모순이 아니라 인간의 지성이 닿을 수 없는 신의 영역 앞에서 느낀 무력함이다. 그래서 결국 바울은 입을 다문다. 대신 이 모든 신비를 허락하신 하나님의 섭리를 감탄하고 찬양한다. "깊도다 하나님의 지혜와 지식의 풍성함이여 그의 판단은 헤아리지 못할 것이며 그의 길은 찾지 못할 것이로다"(롬 11:33). 이렇게 시작하여 36절까지 이어지는 이 운문은 당시 실제로 사용된 찬양의 일부라고 여러 학자들이 인정한다. 특히 36절의 "이는 만물이 주에게서 나오고 주로 말미암고 주에게로 돌아감이라" 부분은 당시 여러 문헌에서 비슷한 형태로 발견된다. 고린도전서 8장 6절에서도 흡사한 형태가 반복된다.

이 찬양이 논의의 결론을 대신한 것은 두 가지 측면으로 볼 수 있다. 첫째, 그의 복음과 선교에서 논의된 모든 것은 하나님의 측량 못할 지혜와 사랑에서 나왔다. 따라서 여기에 인간이 드릴 수 있는 것은 오직 찬양과 경배뿐이다. 다시 말해 구원을 깨달은 인간은 오직 하나님을 높이고 예배함이 마땅하다. 둘째, 하나님은 모든 것을 다 품으시는 분이다. '만물'의 기원과 의미와 종결이 다 하나님으로부터다. 이는 곧 모든 인간 곧 '유대인이나 헬라인이나 차별이 없다'는 바울 사상의 근원이요 나아가 피조물들까지 이 영광의 자유에 이르기 원한다는 주장(롬 8:21)을 뒷받침한다.

### 참된 예배자가 되라(롬 12:1-2)

바울은 이 긴 논의의 종지부를 실제적인 교훈으로 대치한다. 로마교회를 향해 '참된 예배자가 되라'고 명령한다. "너희 몸을 하나님이 기뻐하시는 거룩한 산 제물로 드리라"(롬 12:1)는 것이다.

조금 전 우리는 바울의 사상이 하나님에 대한 찬양과 경배로 마감됨을 보았다. 지금껏 그의 가르침을 따라 온 로마교회도 마찬가지다. 하나님 앞에 진정한 예배자로 거듭남이 올바른 결론이다. 그래서 바울은 "이는 너희가 드릴 **참된** 예배니라"(롬 12:1, 사역)라고 말했다.

개역개정의 '영적 예배'는 의역이다(그래서 추가로 '합당한'이라는 단어가 각주로 달려 있다). 본래 이 단어는 '로기코스'(λογικός)로 '로고스'(λόγος)에서 온 말이다. 직역하면 '이성적인'이란 뜻이다. 영어 성경은 '영적인'(spiritual)과 '참된'(true)이 반반으로 나뉘는데 '참된'이 바울의 뜻을 더 잘 나타낸다. '영적'인 예배라고 하면 현실감이 줄어든다. 급하지 않고 좀 미뤄도 될 것 같은 오해를 일으킨다. 바울의 의도는 그 반대다. 예배에 대한 가장 바른 의미를 설명하려는 것이다.

과연 성도가 드릴 참된 예배는 무엇인가? 바울은 여기서 우리의 '몸'을 다시 소환한다. 믿기 전의 몸은 '죄의 몸'(롬 1:24)이었다. 그러나 믿음으로 죄의 몸이 죽어(롬 6:6) 이제는 "죄가 너희 죽을 몸을 지배하지 못하게 하여 몸의 사욕에 순종하지"(롬 6:12) 말아야 한다. "너희 육신이 연약하므로 내가 사람의 예대로 말하노니 전에 너희가 너희 지체를 부정과 불법에 내주어 불법에 이른 것같이 이제는 너희 지체를 의에게 종으로 내주어 거룩함에 이르라"(롬 6:19. 롬 6:13, 16도 같은 내용). '지체'라는 말은 '몸'을 보다 세분하여 일컫는 말로 결국 몸의 다른 말이다. 중요한 것은 '내주다'인데 이 동사는 12장 1절의 '드리라'와 동일한 '파리스테미'(παρίστημι, 롬 6:13, 16의 '드리다'도 같은 단어)이다.

바울은 지금 성도가 현실에서 죄와 부딪혀 싸우는 것이 곧 하나님께 드리는 예배라고 말한다. 로마교회는 아직 연약했다. 바울은 이들이 복음으로 성숙하기를 바랐다. 이것은 "육신을 따르지 않고 그 영(곧 성령)을 따라 행하는"(롬 8:4) 경지이다. 이 경지에 이르면 "현재의 고난은 장차 우리에게 나타날 영광과 비교할 수"(롬 8:18) 없음을 깨닫고 어떤 환난과 방해도 "넉넉히 이기"(롬 8:37)는 단계에 이른다. 박해 속에도 복음 전파를 능히 감당할 수 있는 수준이다. 바울은 로마교회가 자기처럼 이 경지에 올라 그의 선교에 동참해 주길 바랐다. 그래서 지금 간곡히 권유하는 것이다. '너희 몸' 곧 너희의 삶과 현실을 하나님께 드리라고, 그 거룩한 삶이 진짜 참된 예배라고 말이다.

이를 위해서는 먼저 "이 세대를 본받지 말고 오직 마음을 새롭게 함으로 변화를"(롬 12:2) 받아야 한다. 이 변화의 시작이 곧 '마음을 새롭게 함'이다. 바울은 이미 이것을 "영의 일을 생각"(롬 8:5)하는 것으로 설명했다. 이러한 사상의 전환 곧 마음을 새롭게 함이 변화의 시작이요 원동력이다. 그렇게 변화하면 '분별력'이 주어진다. 악한 세대에 휩쓸리지 않고 "하나님의 선하시고 기뻐하시고 온전하신 뜻이 무엇인지 분별"(롬 12:2)하는 경지에 이르러 마침내 그 기뻐하시는 뜻을 위해 자기 몸을 산 제물로 바친다.

그런데 이 가르침을 위해 바울이 제시한 더 근본적인 개념이 있다. 그것은 "하나님의 자비하심 때문에"(롬 12:1, 사역) 그렇게 해야 한다는 것이다(개역개정은 '모든 자비하심으로'라고 번역했으나 원문에는 '모든'이 없다). 여기에다 '…으로'라고 번역한 '디아'(διά)라는 전치사는 '원인'으로 보는 것이 옳다. 바로 아래 12장 3절의 "내게 주신 은혜로 말미암아"의 말미암아가 '디아'이고 전체적인 의미의 흐름상 가장 적합하다. 즉 하나님의 자비하심 때문에 우리는 우리 몸을 산 제물로 드려야 한다. '자비'(오이크티르모스, οἰκτιρμός)는 근본적으로 누군가를 불쌍히 여기고 동정하는 것이다. 바울은 지금 하나님의 구원의 동기가 인간을 동정하고 불쌍히 여기셨기 때문이라고 말한다. 그가 목숨 걸고 붙잡으려 한 하나님의 사랑(롬 8:37, 39)은 이 측은지심(惻隱之心)에서 온 것이다.

복음을 진실로 믿는 자는 하나님이 얼마나 자기를 불쌍히 여기셨는지 알고 동시에 자신의 운명이 얼마나 가련했었는지를 분명히 안다. 이것이 믿음의 근본이요 이 틀을 벗어난 복음이나 믿음은 없다. 예수를 믿는다고 누구나 병이 낫거나 기적을 체험하거나 방언, 예언 등을 하는 것이 절대 아니다. 물론 신앙생활의 동기는 저마다 여러 가지요 가벼운 시작도 많다. 하지만 진짜로 믿는 모든 성도는 누구나 이 깨달음을 가진다. 심판받을 비참한 운명과 이를 불쌍히 여기신 하나님의 사랑 그래서 흘려 주신 예수님의 보혈. 정도의 차이는 있지만 성도라면 누구나 이 깨달음으로 진짜 믿음을 가진다. 엄밀히 말해 이게 없으면 신자가 아니다.

무엇보다 이 개념은 앞으로 확장시켜 나갈 내용의 근거이기도 하다. 바울은 이제 '이웃 사랑'(롬 13:9)을 이야기할 것이다. 그 사랑의 근거는 "그리스도께서 우리를 받아 하나님께 영광을 돌리심"(롬 15:7) 때문이다. 이 받으심이 곧 우리를 불쌍히 여기심에서 왔다. 그러므로 이 자비를 깨달은 자는 이웃에게 자비를 베풂이 마땅하다. 일만 달란트를 탕감받고도 이웃을 불쌍히 여기지 않은 자는 임금의 노여움을 샀다(마 18:23-35). 교만을 버리고 겸손히 섬겨야 한다. 그것이 자기를 산제물로 드리는 참된 예배이다. 그러한 예배자의 실제 삶에 대한 권고가 이제 시작된다.

### 서로 화목하라(롬 12:3-21)

방금 전까지가 바울 사상에 대한 설명의 끝이다. 이제부터는 참된 예배자의 삶이 구체적으로 어때야 하는지가 나온다. 지금부터가 정말로 선교적 토양을 가꾸는 작업이다. 로마교회 전체를 다독여 한마음으로 그의 선교에 동참하도록 하는 작업이다. 바울은 방금 전까지 '사상적인 밭 갈기'를 하였고 이제는 마침내 '현실적인 밭 갈기'를 시작한 것이다.

- 교만하지 말고 다양성을 인정하라(롬 12:3-13)

가장 먼저 바울은 로마교회의 리더들인 은사자들에게 교만하지 말고 서로의 다양성을 인정하라고 가르친다. 즉 "마땅히 **생각할**(프로네오, φρονέω) 것을 넘어 **교만한 생각을 하지**(휘페르프로네오, ὑπερφρονέω) 말고 오직 하나님께서 나눠 주신 믿음의 기준대로 **올바로 생각하라**(소프로네오, σωφρονέω)"(롬 12:3, 사역)는 것이다. 다소 난해한 이 구절은 세 개의 '생각하다'가 들어 있음을 알면 풀린다. 첫째는 그냥 '생각하다'(프로네오)이고 둘째는 '교만하게 생각하다'(휘페르프로네오)이고 마지막은 '올바로 생각하다'(소프로네오, 고후 5:13 참조)이다.

이 주제를 꺼낸 이유는 로마교회 리더들 사이에 역할의 우위를 놓고 다투는 분위기가 있어서일 것이다. 이런 자들에게 바울은 교만하지 말고 올바로 생각하라고 직설적으로 명령한다. 왜냐하면 "한 몸에 많은 지체를 가졌으나 모든 지체가 같은 기능을 가진 것이 아니"(롬 12:4)고 "은혜대로 받은 은사가 각각 다르"(롬 12:6)므로 서로의 기능을 존중해야 하기 때문이다. 무엇보다 서로 역할이 다른 "많은 사람이 그리스도 안에서 한 몸이 되어 서로 지체가"(롬 12:5) 되었으므로 결국 똑같이 그리스도를 위해 일하는 것이다.

이윽고 바울은 로마교회의 각 은사들을 '예언, 섬기는 일, 가르치는 자, 위로하는 자, 구제하는 자, 다스리는 자, 긍휼을 베푸는 자'(롬 12:6-8) 이렇게 일곱 가지로 분류한다. 비슷한 '은사자 명단'이 고린도전서 12장 28절에는 여덟 가지로 등장하는데 이중에서 로마서와 확실히 겹치는 것은 다음 두 가지다.

| 롬 12:6-7 | 고전 12:28 |
|---|---|
| 예언(프로페테이아, προφητεία) | 선지자(프로페테스, προφήτης) |
| 가르치는 자(디다스코, διδάσκω) | 교사(디다스칼로스, διδάσκαλος) |

고린도교회에게 바울은 "첫째는 사도요 둘째는 선지자요 셋째는 교사"(고전 12:28)라고 순서를 부여함으로써 선지자와 교사직에 사도 다음의 중요성을 부여한다. 이 둘이 로마서와 겹치는 것은 당시 많은 교회 안에서 예언과 교육이 중요한 역할을 했다는 증거다.

여기서 '예언'에 대해 살펴볼 필요가 있다. 당시 예언에 미래를 예고하는 역할이 있었음은 분명하다. 사도행전에 보면 "아가보라 하는 한 선지자(프로페테스)"(행 21:10)가 찾아와 바울의 띠를 가지고 극적인 퍼포먼스를 펼치면서 성령의 이름으로 예언하는 장면이 나온다. 이 예언은 궁극적으로 바울의 예루살렘행을 금지하려는 의도이다(행 21:4 참조). 그러기에 예언을 들은 사람들은 바울을 즉각 말렸다. 하지만 그는 오히려 그들을 야단치며 꿋꿋이 예루살렘으로 떠난다.

이것은 예언이 미래를 예고하는 기능의 한계를 보여 준다. 아가보의 예언은 정확했고(이전에도 그의 예언은 정확했다. 행 11:28) 심지어 성령이 알려 주셨다고 나오지만 바울은 그 길이 위험함을 이미 알았고 그럼에도 떠나는 것이 하나님의 뜻임도 알았다. 독자의 관점에서 아가보와 그의 요란한 예언 행위는 바울의 길을 오히려 방해하는 느낌을 준다. 이렇게 보면 바울이 고린도교회에게 예언에 대해 가르친 내용이 의미심장하다. "예언하는 자는 사람에게 말하여 덕을 세우며 권면하며 위로하는 것이요"(고전 14:3). 여기서 우리는 예언이 미래를 예고하기보다 말씀을 전하며 성도를 올바로 일으켜 세우는 것임을 본다.

바울 자신부터가 지금껏 이런 예언의 기능을 보여 주었다. 구약의 말씀들을 풀어 가며 복음의 비밀과 유대인과 이방인을 모두 구하시려는 하나님의 신비한 전략을 깨닫고 이를 전했다(롬 11:25-26). 이 모두는 교회의 가장 핵심적인 사명이 말씀에 있음을 보여 준다. 사도는 말할 것도 없고 공식 서열이 붙은 선지자와 교사 모두 말씀을 가르치는 역할이다. 이 둘은 로마교회의 은사 명부에도 똑같이 등장한다. 바울 때부터 교회의 중심은 말씀이었고 신비주의는 경계의 대상이었음을 기억해야 한다.

이외에 로마서와 단어는 다르지만 뜻이 비슷한 것으로 '다스리는 자'(롬 12:8, 프로이스테미, προίστημι, 본래는 앞에서 이끄는 자)와 '다스리는 자'(고전 12:28. 퀴베르네시스, κυβέρνησις, 본래는 배의 키를 잡은 자)가 있다. 또 '위로하는 자'(파라칼레오, παρακαλέω, 권면하다의 뜻도 있다)는 방금 본 "예언하

는 자는 … 권면하며(파라클레시스, παράκλησις)"(고전 14:3)에서 고린도교회
의 선지자의 역할과 겹친다. 신약성경의 다른 곳과 비교하면 로마
서의 '다스리는 자'(프로이스테미)는 데살로니가전서의 "다스리며(프로
이스테미) 권하는 자(누테테오, νουθετέω)"(살전 5:12)와 디모데전서의 "잘 다
스리는(프로이스테미) 장로들"(딤전 5:17)과도 겹친다. '섬기는 일'(디아코니
아, διακονία) 역시 "일꾼(디아코노스, διάκονος)으로 있는 우리 자매 뵈뵈"(롬
16:1)와 거의 비슷하다.

이런 관찰을 통해 우리는 로마교회의 지도자 그룹이 고린도교
회 등에 비해 체계가 비교적 덜 확립되었음을 알 수 있다. 고린도
교회와 달리 서열도 없고 명칭 또한 포괄적이다. 물론 고린도교회
가 바울의 손으로 세워졌기 때문도 있겠지만 그만큼 로마교회에
아직 전체적인 체계를 잡아 준 큰손이 부족했다는 반증이다. 어쩌
면 이 불분명한 직제 때문에 갈등이 더해졌는지 모른다.

그런 상황에서 바울은 교만과 다툼 대신에 서로 형제자매임을
강조하여 "형제를 사랑하여 서로 우애하고 존경하기를 서로 먼
저"(롬 12:10) 하라고 명한다. 말로만이 아니라 구체적인 희생을 통해
"성도의 쓸 것을 공급하며 손 대접하기를 힘쓰라"(롬 12:13)고 하면
서 "부지런하여 게으르지 말고 열심을 품고 주를 섬기라"(롬 12:11-12)
라고 명한다.

이를 위해 바울은 '사랑'(롬 12:9, 아가페, ἀγάπη)을 제시한다. 사랑이 섬
김의 원동력이다. 교회의 사역자들이 먼저 '형제의 사랑'(롬 12:10, 필
라델피아, φιλαδελφία)으로 똘똘 뭉쳐야 진정으로 성도들을 섬길 수 있

다. 이 사랑을 시작하신 분이 하나님이시고(롬 5:5, 8) 또한 그리스도 시며(롬 5:35) 오직 그리스도 예수 안에 하나님의 사랑이 있고(롬 8:39) 그 사랑을 깨닫게 하시는 분이 성령이시다(롬 5:5; 15:30). 그러므로 이 사랑으로 서로 섬기는 것이 곧 삼위일체께 드리는 참된 예배이다.

• 모든 사람과 더불어 화목하라(롬 12:14-21)

사랑을 실천하려면 자신을 낮춰야 한다. 교만한 생각(롬 12:3)에 머무르거나 "높은 데 마음을"(롬 12:16) 두면 안 된다. "서로 마음을 같이하며 … 도리어 낮은 데 처하며 스스로 지혜 있는 체하지"(롬 12:16) 말아야 한다. 이를 위해 제시한 모델이 바로 "즐거워하는 자들과 함께 즐거워하고 우는 자들과 함께 울라"(롬 12:15)이다. 상대의 입장을 역지사지하고 이웃을 위해 자기의 이익을 버려야 이 경지에 이를 수 있다.

바울은 지금 로마교회의 화목에 집중한다. 화목과 평화 없이 교회는 본분을 지킬 수 없다. 함께 울고 웃는 공동체만이 외부로 힘을 발산하여 악에 속한 자들을 하나님의 사랑과 그 공동체인 교회에 굴복시킬 수 있다. 그래서 바울은 더 큰 단계를 제시한다. 겸손과 사랑의 영역을 "너희를 박해하는 자"(롬 12:14)와 "원수"(롬 12:20, 에크트로스, ἐχθρός)에게까지 확장하라고 명한다. 왜냐하면 이런 사랑이 하나님의 사랑의 본질이기 때문이다. 본래 하나님과 "우리가 원수(에크트로스) 되었을 때에 그의 아들의 죽으심으로 말미암아 하나님과 화목하게"(롬 5:10) 되었다. 따라서 박해자와 원수를 사랑하되 적극적이어야 한다. "축복하고 저주하지"(롬 15:14) 말 뿐 아니라 "네 원수가 주리거든 먹이고 목마르거든 마시게 하라 그리함으로 네가 숯불을 그 머리에 쌓아"(롬 12:20) 놓는 수준에 이르러야 한다.

후반부의 "숯불을 그 머리에 쌓아 놓으라"의 의미를 두고 논쟁이 뜨겁다. 이 말을 단순히 '하나님이 대신 보복하실 것'으로 볼지 혹은 '그 원수가 깨닫고 부끄러워하며 회개하는 것'으로 볼지로 나뉜다. 후자의 경우는 뜨거운 숯이 든 그릇을 머리에 인 죄인이 이를 옮김으로써 회개를 표시했다는 고대 이집트의 예식과 관련하여 나온 주장이다. 바울의 원수 사랑에 긍정적인 면을 추가하려는 입장에서 오늘날 이 해석이 꽤 각광받고 있다.

하지만 이 명령은 잠언 25장 21-22절을 그대로 인용한 말씀이다. 구약적 견지에서는 전자가 더 합당해 보인다. 이 구절 직전에 나온 "원수 갚는 것이 내게 있으니 내가 갚으리라"(롬 12:19)는 신명기 32장 35절의 인용인데, 이는 확실히 "내 대적들에게 복수하며 … 보응할 것"(신 32:41)이라는 내용이다. 잠언이 말하는 숯불인 '가할'(חֶלָה)은 구약에서 자주 원수에 대한 보복(특히 하나님의 보복)의 이미지를 보여 준다(삼하 22:9, 13; 시 18:12, 13, 14; 120:4; 140:10). 무엇보다 바울이 구약을 인용하면서 이집트의 예식을 의식했다고 보기 힘들다. 결국 후자가 낭만적이긴 해도 바울은 하나님이 대신 보복해 주심을 염두에 둔 것 같다. 만인을 향한 하나님의 사랑을 설파한 로마서에도 악인들에 대한 경고는 여전히 나온다(롬 1:18 이하; 2:8-9; 3:8 등).

바울은 지금 모든 억울함을 다 하나님께 맡기고 "할 수 있거든 너희로서는 모든 사람과 더불어 화목하라"(롬 12:18)라고 명한다. 내부만이 아니라 외부에까지 화목을 추구하는 공동체로 소문날 때 로마교회는 더 큰 사명을 감당할 힘을 얻을 것이다. 이러한 강조는 아마 과거 회당 시절 불화로 인해 추방까지 당했던 로마 신자들의 역사적 배경과, 이에 따른 외부의 평판을 고려한 것으로 보인다. 이 정황은 다음 장에 이어질 권세 복종 명령을 이해할 열쇠인데, 이를 위해 미리 짚고 갈 바울의 숨은 전략이 있다.

바울은 이 모든 화목 명령들을 '선과 악'의 구도에 담는다. 내부인들끼리 사랑하라는 것은 곧 **"악**(카코스, κακός)을 미워하고 **선**(아가토스, ἀγαθός)에 속하라"(롬 12:9)는 것이고 외부인들과 화목하라의 결론도 **"악**에게 지지 말고 **선**으로 **악**을 이기라"(롬 12:21)이다. 그러므로 선에 속하고 선으로 악을 이김이란 결국 분쟁을 넘어 화목한 교회가 되는 것이다. 따라서 분쟁이 악이고 화목은 선이다. 이런 구도는 로마교회의 현실에 바탕을 둔다. 로마교회는 지금 화목하지 못하고 분쟁 중이다. 바울은 화목하라는 명령을 과감히 던진다.

이 명령의 모체는 "너희 몸을 하나님이 기뻐하시는 거룩한 산 제물로 드리라"(롬 12:1)였고 그렇게 드릴 근거는 "하나님의 자비하심 때문"(롬 12:1)이다. 로마교회가 하나님의 자비하심을 제대로 깨달으면 화목 명령에 기꺼이 순종할 것이다. 그럼 어떻게 하나님의 자비하심을 알 수 있을까? 바로 복음을 통해서다. 복음 속에 모든 인간을 품으시는 하나님의 사랑과 자비가 담겨 있다. 복음이 알려주는 죄인의 비참함, 하나님의 사랑과 자비, 이를 위해 흘리신 예수의 피, 이 본래적인 가르침이 로마교회를 일깨워 분쟁을 그치고 화목한 교회를 만들 것이다. 이 믿음으로 바울은 "복음 전하기를 원하노라"(롬 1:15) 선포하고 로마서를 썼다.

여기서 바울이 의도한 새 구도가 드러난다. 선으로 악을 이긴 상태 즉 화목한 상태는 복음과 그 가치를 깨달은 상태이다. 따라서 복음은 로마교회에게 선의 근원이요 선 그 자체다. 이 개념을 바울은 이미 10장 15절에서 발표했다. 이 구절을 직역하면 이렇다. "보내심을 받지 않으면 어찌 전파하리요 기록된 바 아름답도다 그 **선한 것**(아가토스)을 **복음으로 전하는**(유앙겔리조) 자들의 발이여"(롬 10:15, 사역). 헬라어에 '복음'(유앙겔리온)이란 명사뿐 아니라 '복음을 전하다'(유앙겔리조)라는 동사까지 있어서 개역개정이 그냥 '좋은 소식을 전하는'이라고 줄여 번역했지만 원래는 "그 선한 것을 복음으로 전하는"이 원문의 참뜻이다.

이처럼 바울은 이미 복음을 '선한 것'(아가토스)이라고 묘사했었다. 로마교회가 그 '선한 것'에 집중하면 분쟁이라는 악을 이기고 화목하게 될 것이다. 더 나아가 그 선한 것을 전파하는 바울의 선교가 얼마나 아름다운지 깨닫고 거기에 동참하게 될 것이다. 이 구도는 다음 장의 '권세 복종 명령'의 미스테리를 푸는 열쇠가 된다.

• 위에 있는 권세들에게 복종하라(롬 13:1-7)

바울은 로마교회에 돌연한 명령을 던진다. "위에 있는 권세들에게 복종하라"(롬 13:1). 로마서의 주제와 동떨어져 보이는 이 구절은 많은 논란의 근원이 되었다. "모든 권세는 하나님께서 정하신 바"(롬 13:1)이고 "그가 하나님의 사역자가 되어 네게 선을 베푸는 자"(롬 13:4)라는 가르침은 양 극단의 사상을 낳았다. 한쪽에서는 권세의 근원이 하나님이시므로 교회가 무조건 복종해야 한다고 주장한 반면, 다른 한쪽에서는 오히려 선을 제대로 행하지 못하는 권세에는 저항하고 투쟁해야 한다고 했다. 그 사이에 여러 해석이 난무한다. 이 권세를 천사와 같은 천상의 존재로 보는 영적인 입장부터, 당시 로마 세력에 불만이 많았던 과격한 유대주의를 경고한 내용이라는 주장, 혹은 구조상 12장과 연결이 잘 안되고 바울 사상과도 단절되므로 후대의 삽입이라는 이론까지.

그럼에도 이 사실은 부인할 수 없다. 바울은 지금 로마제국의 수도에 있는 교회를 향해 황제와 그 권력의 심기를 건드리지 말라고 조심시키고 있다. 바울은 로마교회에게 "네가 권세를 두려워하지 않으려느냐"(롬 13:3b) 하고 질문한다. 이 부분을 가지고 후대의 모든 교회들이 반드시 따를 정치신학적 원칙을 말할 수는 없다. 바울은 당시의 역사를 종말 직전으로 보고 있었다(롬 13:11-12). 그렇다면 바울은 왜 새로 등극한 로마 황제 네로를 로마교회에 위협을 가할 수 있는 '두려운' 존재로 여겼을까?

모든 상황은 필연적으로 8년 전(AD 49년) 클라우디우스의 유대인 추방을 떠올리게 한다. 역사적으로 분명히 존재했던 이 추방은 당시 그리스도 신앙 때문에 유대인들 사이에 일어난 분쟁이 매우 심각했음을 보여 준다. 물론 이를 계기로 아굴라 부부 같은 바울 추종자들이 생겼고 추방된 이들이 5년 만에 복귀하여 로마교회가 단독으로 세워지는 계기도 되었지만, 그럼에도 이 사건은 분명히 로마교회의 여러 멤버에게 쓰라린 고통이었다. 아직도 로마교회 내부에는 추방 전에 대립했던 '그리스도 반대파' 그러니까 현재의 회당 유대인들과 껄끄럽게 부딪히는 사람들과, 그런 이들을 불안한 눈으로 바라보던 사람들이 있었다. 그래서 바울은 교회 내외부의 갈등을 해소하라는 화목 명령들을 12장에서 전하다가 13장에 와서 만일 끝내 로마교회가 화목하지 못하여 상황이 최악에 이를 경우 칼로써(롬 13:4) 모든 것을 종결시킬 수 있는 로마 정권의 존재를 일깨워 준 것이다.

이 각성에는 바울 자신의 입장도 함께 놓여 있다. 첫번 클라우디오스 추방은 기적처럼 그에게 유리한 상황을 만들어 줬다. 아굴라 부부와의 만남으로 로마교회와 인연을 맺었고 지지자들까지 생겨 지금 과감하게 로마서를 집필 중이다(행 18:2 이하; 롬 16:3-5). 그런데 만약 과거와 같은 정권 탄압이 다시 로마에 발생하면 그가 계획했던 스페인 선교가 난항을 맞을 수 있었다. 특히 바울이 간절히 소망하는 로마교회의 선교 동참이 완전 불가능해진다. 바울이 로마교회에 바란 것은 단순한 선교 경비보다는 브리스길라와 아굴라 같은 동역자들이었을 것이다. 바울은 자기가 일생일대의 가치를 둔(뒤에 논하겠지만 심지어 이를 통해 재림까지 기대했던) 스페인 선교에 그들을 꼭 동참시키려 한 것 같다. 그래서 바울은 "모든 사람과 더불어 화목하라"(롬 12:18)의 연장선에서 추방과 박해의 권한을 쥔 황제 네

로에게 밉보이지 말라고 교훈했다. 세금 납부 명령(롬 13:6-7)도 같은
차원이다.

결국 바울이 권세에게 복종하라고 명한 것은 로마교회의 평안
과 향후 자신의 순조로운 선교를 동시에 의도한 것이다. 그는 이
명령을 또 다시 '선과 악'의 구도로 말한다. '선'은 곧 바울의 선교
(특히 스페인)의 문을 여는 열쇠요 '악'은 그 문을 잠그는 자물쇠다. 선
으로 악을 이겨야 한다. 그래야 그의 선교 계획이 실행될 수 있다.
만약 로마교회가 바울의 뜻을 따라 분쟁을 버리고 복음에 집중하
면 권세자들이 로마교회에게 두려움이 될 이유가 없다. 하지만 여
전히 내부에서뿐 아니라 외부의 '박해자와 원수'(롬 12:14, 19, 20)들을
저주하고 미워하여 분란을 일으키다가 과거처럼 박해를 당한다면
로마의 권세는 그들에게 다시 두려운 존재가 되고 만다. 그러니
분쟁을 버리고 오직 복음과 선교에 몰두하자. 그러면 권세의 비위
를 건드리지 않고 오히려 칭찬을 얻을 것이다. 그래서 아무 두려
움도 방해도 없이 더더욱 사명에만 집중하자. 그러면 하나님의 칭
찬을 얻을 것이다. 바울은 지금 이 구도 속으로 로마교회를 인도
하는 중이다.

그래서 나온 말이 이것이다. "다스리는 자들은 선한 일에 대하
여(즉 복음과 그 전파에 집중하면) 두려움이 되지 않고 악한 일에 대하여(즉
복음과 그 전파를 외면하면) 되나니 네가 권세를 두려워하지 아니하려느
냐 선을 행하라(즉 복음과 그 전파에 집중하라) 그리고 그에게 칭찬을 얻으
라"(롬 13:3, 마지막 문장만 사역). 뒤이어 나온 "그는 하나님의 사역자가 되

어 네게 선을 베푸는 자니라"(롬 13:4)의 의미도 풀린다. 만약 로마교회가 권세를 거스르지 않고 별 제재 없이 선교에만 매진하게 되면 그 정부의 무언의 허락이 곧 로마교회의 '선한 일'(곧 복음과 그 전파)을 돕는 것이므로 그들도 하나님의 사역자와 같은 셈이다. 반대로 만약 복음을 팽개치고 분쟁하여 권세의 징계가 오면 그 칼이 곧 복음에 순종하지 아니한 너희를 야단치시는 하나님의 보응이 될 것이다(롬 13:4). 이때의 '하나님의 사역자'는 전과 달리 보응을 전하는 역할이다.

| 바울의 선악 구도와 권세 복종 명령 | |
| --- | --- |
| 선 | 악 |
| 바울의 복음 수용 ↓ | 바울의 복음 거부 ↓ |
| '빚진 자' 의식 각성 ↓ | '빚진 자' 의식 거부 ↓ |
| 화목한 로마교회 ↓ | 분쟁하는 로마교회 ↓ |
| 복음 전파에 집중 ↓ | 복음 전파에 외면 ↓ |
| 스페인 선교 동참 ↓ | 스페인 선교 거부 ↓ |
| 로마 권세의 무언의 호응 | 로마 권세의 박해 가능성 |

결론적으로 바울은 로마교회에게 선교 동참을 요구하면서 위협적인 경고까지 첨가하고 있다. 이것은 바울의 계획을 방해할 만한 목소리가 교회 안에 그만큼 컸다는 반증이기도 하다. 어쩌면 그는

생각보다 거대한 싸움을 로마서에서 하고 있는 중인지도 모른다.

그렇다면 바울의 스페인 선교 계획에 로마교회가 결국 호응했을까? 디모데전후서와 디도서 그리고 클레멘트 1서와 무라토리안 단편집은 바울이 로마에서 석방되어 몇 년 더 활동했을 가능성을 보여 준다. 하지만 바울은 서바나로 가지 않았거나 갔다 해도 아주 잠깐 머물렀다가 돌아왔을 가능성이 크다. 디도서에서 발견되는 '그레데'(딛 1:5), '니고볼리'(딛 3:12) 같은 지명들은 그가 여전히 이전 경계 안에 머물러 있음을 보여 준다. 따라서 로마교회는 바울의 선교 후원 요청을 거부했을 가능성이 있다.

이런 전제로 보면, 로마서가 전달되고 약 7년 후 네로에 의한 무서운 박해(AD 64-68)가 시작되었고 수많은 로마 교인들과 함께 바울도 순교했다는 사실은 이 본문과 아무 관련이 없을까? 물론 네로 박해의 원인은 로마교회의 분쟁 때문이 아니었지만 바울의 가르침을 거부하며 계속 분쟁을 야기하던 그룹이 있었다면 이 단락은 그들을 향한 하나님의 구체적인 경고가 아니었을까. 신실한 성도들에겐 천국의 초청장이 되었겠지만 말이다.

하나 덧붙이자면, 바울의 이 단락은 베드로의 가르침(벧전 2:13)과 형태나 내용이 흡사하다. 베드로전서의 저작 연대를 AD 60-63년으로 본다면 그가 수년 전에 쓰인 바울의 로마서를 보았을 가능성도 배제할 수 없다(벧후 3:16 참조). 무엇보다 베드로 역시 로마에서 네로에 의해 순교했다는 전승이 있다. 그렇다면 혹시 바울과 베드로 두 사도는 모두 비범한 영감으로 로마에 있을 네로의 무서운 박해를 동시에 예감했던 것이 아닐까? 그리고 자기가 맡은 양떼의 고통을 보면서 운명을 함께할 때라고 결단하지 않았을까?

• 사랑은 율법의 완성이다(롬 13:8-10)

로마서에서 바울은 네 번에 걸쳐 '빚진 자'(오페일레테스, ὀφειλέτης 혹은 동사 오페일로, ὀφείλω)를 언급한다. 첫째, 바울 자신이 복음의 빚진 자로서 로마교회에 이를 갚고 싶어 한다(롬 1:14-15). 둘째, 로마교회 역시 이 복음을 듣고 바울과 함께 '빚진 자'가 된다(롬 8:12). 셋째, 그러므로 로마교회는 "피차 **사랑의 빚** 외에는 아무에게든지 아무 빚도 지지"(롬 13:8) 말아야 한다. 넷째, 마게도냐와 아가야 사람들은 예루살렘 성도들에게 '영적인 빚'을 지고 기쁘게 연보를 모아서 드렸다(롬 15:26-27).

바울이 전개하는 '빚' 개념은 추상적인 데서 구체적으로 나아간다. 하나님의 사랑을 깨달으면 이를 빚으로 여겨 이웃을 섬긴다. 그래서 바울은 로마교회에게 오직 "사랑의 빚"(롬 13:8)만 지라고 명령했다. 하나님의 사랑을 깨달으면 서로 행할 것은 사랑뿐이다. 이를 통해 로마교회는 사랑의 공동체로 성숙한다. 그러면 온 교회가 바울처럼 세상을 향하여 "다 내가 빚진 자라"(롬 1:14) 고백하는 경지에 이를 것이다. 이 경지에 이르면 그들은 복음의 빚을 세상에 갚으려는 바울의 선교에 동참할 것이다. 그 참여는 구체적인 드림과 후원이 될 것이다. 마게도냐와 아가야 성도들이 영적인 '빚'을 실질적인 '연보'(코이노니아, κοινωνία)로 갚은 것처럼 말이다.

하지만 순간 바울에게 걸림돌이 될 사람들이 떠올랐다. 로마교회의 독특한 율법주의자들이었다('더 깊이 읽기: 로마교회의 갈등하는 두 그룹' 참조). 그들은 바울이 밉다. 율법주의를 비난하고(롬 2:17-29) 아브라함이 모든 자의 조상(롬 4:16)이라고 말하기 때문이다. 따라서 그들은 바울의 선교에 반대할 가능성이 매우 높았다. 바울은 과감히 더 깊이 찌른다. "남을 사랑하는 자는 율법을 다 이루었느니라"(롬 13:8b). 또한 유대인들이 가장 중시하는 십계명의 명령들까지도 "네 이웃을 네 자신과 같이 사랑하라 하신 그 말씀 가운데 다 들었"(롬 13:9)다고 선언한다. 이 '이웃 사랑' 명령은 레위기 19장 18절의 인용으로 예수에 의해 "이보다 더 큰 계명이 없느니라"(막 21:31) 하고 공인된 진리였다. 분명히 로마교회도 이 가르침을 알고 있었을 것이기에 바울은 최종적으로 이렇게 마무리 짓는다. "그러므로 사랑은 율법의 완성이니라"(롬 13:10).

그런데 이 구절 직전에 언급한 "사랑은 이웃에게 악을 행하지 아니하나니"(롬 13:10a)는 앞서 말한 '선과 악' 구도와 여전히 통한다. 복음 전파를 방해하는 행위가 악이므로 바울의 선교를 방해하는 것은 곧 이웃에게 악을 행하는 것이다. 이 악행은 사랑과 반대이고 율법을 파괴하는 것이다. '사랑이 곧 율법의 완성'(롬 13:10)이기 때문이다. 따라서 율법주의자들이 지금 바울의 선교를 거부하는 것은 스스로 율법을 파괴하는 것이다. 이 모든 선언은 자연스럽게 이전 단락의 경고를 떠올리게 한다. 곧 "네가 악을 행하거든 두려워하라"(롬 13:4).

• 육신의 일을 도모하지 말라(롬 13:11-14)

6장의 '죄와 은혜' 논쟁에서 우리는 바울의 가르침에 반박했던 '경건파'와 '방종파'의 존재를 살펴보았다. 이중 경건파는 율법주의자들과 밀접한 관련이 있을 것이다. 이들에게 방금 '율법의 완성' 곧 '이웃 사랑'을 일깨운 바울은 이제 교회 내의 '방종파'에게 말한다.

먼저 바울은 "너희가 이 시기를 알거니와 자다가 깰 때가 벌써 되었"(롬 13:11)다고 알려 준다. 지금의 '시기'(카이로스, καιρός)는 임박한 종말이다. 이 선언은 "현재(눈 카이로스, νῦν καιρός)의 고난은 장차 우리에게 나타날 영광과 비교할 수 없도다"(롬 8:18)에 바탕을 둔다. '장차 나타나다'라는 뜻의 '멜로'(μέλλω)는 임박함을 내포한다(살전 3:4 참조). 바울의 삶은 복음을 위한 환난이었지만 그 환난을 인내함이 곧 다가올 영광의 증거였다(롬 5:3-4). 이것을 알기에 바울은 절대로 사명을 늦출 수 없었다(롬 8:37, 39). 이 진리는 바울에게만 해당되지 않는다. 신자라면 누구나 "영광을 받기 위하여 고난도 함께 받아야"(롬 8:17) 한다.

따라서 이제는 깨어나야 한다. '깨어나다'(본래는 일어나다, 에게이로, ἐγείρω)라는 동사는 로마서에서 대부분 예수의 부활을 가리킨다(롬 4:24, 25; 6:4, 9; 7:4; 8:11, 34; 10:9). 바울은 이 부활을 말할 때마다 로마교회의 성숙을 함께 염원했다. 흔들리고 갈등하는 경지에서(롬 7:14-25) 성령을 따라 몸의 행실을 죽이고 마침내 죽을 몸이 예수처럼 다시 '살아날'(에게이로) 소망의 경지(롬 8:11-14)로 나아가야 한다. 이를 위해 바울은 "어둠의 일을 벗고 빛의 갑옷을 입자"(롬 13:12)고 권면한다. 갑옷으로 번역된 '호플론'(ὅπλον)은 본래 '도구'나 '무기'의 뜻으로 "너희 지체를 불의의 **무기**(호플론)로 죄에게 내주지 말고 … 의의 **무기**(호플론)로 하나님께 드리라"(롬 6:13)라는 구절에서 이미 등장했다.

이 단계는 죄를 이기는 경지요(롬 6:14) 영으로써 몸의 행실을 죽이는 경지요(롬 8:13) 곧 죽을 몸이 다시 '살리심'(에게이로)을 받는 부활의 경지다(롬 8:11). 로마교회는 이전에 죄의 종이었을 때를 부끄러워하고 이제는 거룩함에 이르는 열매를 맺어야 한다(롬 6:20-22).

바울의 이 간절한 호소는 아직 로마교회에 믿기 이전의 습성을 못 버리고 여전히 "품위 없고 방탕하고 술 취하며 음란하고 호색하며 다투고 시기하는"(롬 13:13) 자들이 있었음을 보여 준다. 어쩌면 이들에게 십자가의 복음은 방종을 합리화하는 도구였을 것이다. 따라서 이들 역시 율법주의자들처럼 바울의 선교 동참 요구에 반대할 수 있고 혹 동조하더라도 복음을 변질시킬 가능성도 있었다. 그래서 그는 방종파들에게 "오직 예수 그리스도로 옷 입고 정욕을 위하여 육신의 일을 도모하지 말라"(롬 13:14)고 강하게 명령했다.

혹자는 바울이 말한 임박한 종말이 2,000년이 지난 지금도 오지 않는다고 반박할지 모른다. 하지만 누구도 2,000년을 기다리지 않는다. 모든 인간은 100년 정도 개인의 종말을 살다가 하나님 앞에 선다. 그러므로 성도는 늘 임박한 종말 의식으로 사는 것이 당연하다. 자기 생애 중에 주님이 오시리라 기대함도 마땅하다. 그 믿음이 성도의 순결을 유지시켜 하나님을 기쁘시게 한다. 개인의 종말과 역사의 종말을 직결시켜 순결하게 살았던 바울의 믿음이 참 아름답다.

### 연약한 자와 강한 자의 대립(롬 14:1-23)

이제 바울은 로마교회 안에서 심각한 분쟁을 일으키던 '연약한 자'와 '강한 자' 그룹을 전면에 이끌어 낸다. 이 단락은 로마교회의 내부 사정을 가장 구체적으로 담지만 모호해서 논란도 많다. 이들의 정체를 밝히기 위해 일단 확실히 비교되는 그룹들의 특징들을 모아 비교해 보자.

| 로마교회의 주요 세 그룹 | | |
| --- | --- | --- |
| 연약한 자 | 강한 자 | 제3의 형제 |
| 채소만 먹고 고기와 포도주 안 먹음 (롬 14:2, 21) | 모든 것을 먹을 만한 믿음 (롬 14:2, 21) | 부딪힐 것이나 거칠 것을 받음 (롬 14:13) |
| 먹는 자를 비판함 (롬 14:3, 10) | 먹지 않는 자를 업신여김 (롬 14:3, 10) | 근심하게 됨 (롬 14:15) |
| 이 날을 저 날보다 낫게 여김 (롬 14:5) | 모든 날을 같게 여김 (롬 14:5) | 음식으로 망할 수도 있음 (롬 14:15) |
| 제3의 형제를 공략함 (롬 14:13, 15) | 제3의 형제를 공략함 (롬 14:13, 15) | |

표에서 보듯이 연약한 자와 강한 자 사이에는 율법적인 분위기가 도드라진다. 그래서 보통 연약한 자를 율법을 중시하는 유대인

들로 강한 자는 자유로운 사상의 이방인들로 본다. 하지만 그렇게 확정 짓기는 이르다. 유대인의 율법은 고기와 포도주를 전면 금지하지 않는다. 연약한 자들의 율법 준수는 정상이 아니다. 그래서 어떤 학자들은 이들이 극도의 '유대 금욕주의'거나 '이방 종교식 금욕주의' 아니면 '둘 다를 한꺼번에 적용'한 집단이라고 본다.

여기서 일단 이방 금욕주의는 빼야 한다. 이들이 음식뿐 아니라 특정한 날도 구별하여 "이 날을 저 날보다 낫게 여기"(롬 14:5)고 있기 때문이다. 이방 종교의 절기는 우상숭배와 직결되므로 바울이 이를 용인하면서 "각자 자기 마음으로 확정할지니라"(롬 14:5) 하고 말했을 리 없다. 한편 유대 금욕주의는 일리가 있다. 이런 결단은 남보다 더 깊이 하나님을 섬기기 위한 것이었고, 야고보 사도가 대표적이었다(유세비우스의 역사서에는 그가 채식주의자였다는 증언이 나온다). 술을 마시지 않는 것도 같은 맥락에서 '나실인 서약'(삿 13:7)과 관련이 있다. 하지만 로마교회의 '약한 자' 그룹은 엄밀히 말해 이런 분위기와도 조금 다르다. 금욕적 율법주의는 개인적으로 지키지 다른 교인들(특히 초신자로 보이는 제3의 형제들)에게 강요하지는 않는다. 또한 당시 로마교회 안에 이런 유대인들의 목소리가 높았다면 갈라디아서처럼 이방인 할례 문제가 먼저 부각되었어야 하는데, 로마서에서 이 문제가 거의 보이지 않는다.

대체 이들의 정체는 무엇일까? 율법 준수를 과하게 밀어붙여 금주와 채식주의에까지 이르렀고, 이를 온 교회에 퍼뜨리려 하지만 정통 유대인들과 달리 이방인 할례는 강조하지 않고 오히려 그리스도를 "자기 주인"(롬 14:4)으로 삼아 삶의 목표가 "주를 위하여"(롬 14:6-8)라는 데 동의하는 자들. 이 독특한 그룹의 정체는 뒤에 이어질 '더 깊이 읽기: 로마교회의 갈등하는 두 그룹'에서 자세히 다룰 예정이지만, 지금 보이는 특징만으로도 14장에 나오는 바울의 의도는 충분히 풀 수 있다.

먼저 이들과 각을 세우고 있는 '강한 자' 그룹을 알아보자. 바울은 강한 자와 약한 자를 '믿음'(피스티스, πίστις)으로 구분한다. 연약한 자는 "믿음이 연약한 자"(롬 14:1)요 반대편은 "모든 것을 먹을 만한 믿음이"(롬 14:2) 있다. 이 기준은 "사람이 의롭다 하심을 얻는 것은 율법의 행위에 있지 않고 믿음으로 되는 줄 우리가 인정하노라"(롬 3:28)라는 선언에서 이미 표출되었다. 이들은 율법의 행위를 넘어서는 믿음을 깨닫고 받아들인 자들이다.

표면상 이들은 주로 이방인들로 보인다. 로마교회의 다수가 이방인임은 이미 살펴보았다(롬 1:5-7; 11:13). 하지만 그 바탕에 아굴라 부부 등 바울의 복음을 먼저 받아들인 유대인이 있음을 예상하기는 어렵지 않다. 특히 이 부부의 가르치는 능력은 사도행전이 검증해 준다(행 18:26). 로마교회의 '강한 자'들의 성향은 애초에 이들로부터 왔을 것이다. 그래서 바울은 처음부터 이들 편이다. 이건 바울이 그들을 "믿음이 강한 우리"(롬 15:1)라고 부르는 데서 증명된다. '강한'과 '우리'는 모두 바울과 한편이라는 증거다. 이 '강한 자'들이 지금 교회 안에서 '약한 자' 곧 강력한 금욕적 율법주의자들과 대립하고 있다. 따라서 이 대결은 금욕적 율법주의자들과 바울식 복음을 먼저 받아들였던 유대인 그룹의 패권 다툼에 뿌리를 두었을 가능성이 크다.

이런 대립이 있을 때 바울은 보통 율법주의를 강하게 나무라며 전투적이 된다. 대표적으로 갈라디아서에서 "너희가 날과 달과 절기와 해를 삼가 지키니 내가 너희를 위하여 수고한 것이 헛될까 두려워하노라"(갈 4:10-11)라고 하면서 이것이 "약하고 천박한 초등학문으로 돌아가서 다시 그들에게 종노릇"(갈 4:9) 하는 것이라고 말했다(할례 문제는 말할 것도 없다). 하지만 로마서에서 그의 태도는 다르다. 바울은 동일한 '날' 문제에 대해 "각각 자기 마음으로 확정할지니라"(롬 14:5)라고 하면서 어느 쪽의 손도 쉽게 들어 주지 않는다. 양쪽 모두를 향해 서로 "업신여기지도 말고 … 비판하지 말라"(롬 14:3, 10)라고 공평하게 야단치고, 똑같이 "하나님의 심판대"(롬 14:10)를 언급하며 경고한다. 그는 연약한 자들에게 사상을 바꾸라고도 하지 않는다. "날을 중히 여기는 자도 … 먹는 자도 … 먹지 않는 자도"(롬 14:6) 모두 다 인정한다. 지금 바울에게는 이런 소소한 규례가 중요하지 않다.

그에게 중요한 것은 따로 있었다. 바로 "주를 위하여"(롬 14:6-8) 사는 것이다. 채식을 하든 금주를 하든 로마교회가 "살아도 주를 위하여 살고 죽어도 주를 위하여 죽나니"(롬 14:8)의 경지에 오르는 것이다. 바울은 로마교회가 선교 동역자로 우뚝 서주기를 바랐다. 음식이나 날 같은 율법 규례는 분명히 로마교회의 갈등 요인이었을 테지만, 바울에게는 주님을 위한 계획에 차질을 주는 비본질적

다툼일 뿐이었다. 게다가 이 다툼은 로마교회의 또 다른 신자들인 '형제' 그룹을 붕괴시킬 위험도 있었다(이들은 초신자 그룹으로 보인다). 그래서 바울은 양쪽 모두에게 "부딪칠 것이나 거칠 것을 형제 앞에 두지 아니하도록 주의하라"(롬 14:13)라고 명했다. 심지어 "그리스도께서 대신하여 죽으신 형제를 네 음식으로 망하게 하지 말라"(롬 14:15)라고 경고했다.

바울에게 중요한 건 지금 서바나를 향한 사명이다. 이 일에 로마교회가 집중하여 한마음으로 바울의 후원자가 되어야 한다. 비본질적인 문제에 시선을 분산하면 안 된다. 오직 지금은 "화평의 일과 서로 덕을 세우는 일에"(롬 14:19) 힘써야 한다. "음식으로 말미암아 하나님의 사업을 무너지게 하지 말라"(롬 14:20, '사업'으로 번역한 에르곤, ἔργον은 본래 일 혹은 행위이다. 롬 3:20, 27; 4:2 참조) 하는 것이 바울의 본심이다. 인간의 일이 하나님의 일을 망치면 안 된다.

하지만 이 말로도 아직 부족했다. 이 정도로 갈등의 씨앗이 소멸될 것 같지 않았다. 그래서 바울은 마침내 한쪽 편의 손을 들어주고 확실히 이 분쟁에 마침표를 찍기로 했다. 의외로 그건 '약한 자'의 손이었다. '강한 자' 그룹은 자기에게 순종할 가능성이 높았기 때문이다. 그래서 그들에게 양보를 명했다. "고기도 먹지 아니하고 포도주도 마시지 아니하고 무엇이든지 네 형제로 거리끼게 하는 일을 아니함이 아름다우니라"(롬 14:21)라고 말이다.

이 모두는 바울이 진심으로 서바나 선교를 원했고 로마교회가 분열되어 동참하지 못할까 무척 두려워했다는 증거다. 다른 각도

에서 보면 '연약한 자'로 대변되는 이 변칙적인 율법주의자들의 파
워가 교회 안에 그토록 뿌리 깊었음을 보여 주는 증거이기도 하다.

### 한마음과 한 입으로 하나님께 영광을(롬 15:1-13)

자기의 지지자들 곧 '강한 자' 그룹에게 양보를 명령한 바울은
그들을 조금 더 납득시키고 싶었다. "믿음이 강한 우리는 마땅히
믿음이 약한 자의 약점을 담당하고 자기를 기쁘게 하지 아니할 것
이라"(롬 15:1)라고 말이다.

바울은 일단 자신이 그들의 편임을 밝힌다. '믿음이 강한 우리'
는 "모든 것을 먹을 만한 믿음"(롬 14:2)이 있다. 그래서 '강하다'. 하
지만 진정 강한 자는 율법 조항에만 자유로운 게 아니다. 약한 자
를 포용할 수 있어야 한다. "자기를 기쁘게 하지 아니"하고 "이웃
을 기쁘게 하되 선을 이루고 덕을 세우도록"(롬 15:1b-2, '기쁘게 하다'라는
뜻의 아레스코, ἀρέσκω는 8장 8절의 "육신에 있는 자들은 하나님을 기쁘시게 할 수 없느니라"에
쓰인 적이 있다) 하는 것이다. 따라서 바울은 강한 자 그룹이 성숙한 자
들이요 약한 자들은 육신에 속해 있음을 은연중에 암시했다. 성숙
한 너희는 이웃을 기쁘게 해야 하며, 이것이 곧 하나님을 기쁘시
게 하는 일이다.

그 근거로 바울은 그리스도를 제시한다. 그리스도는 3단계를 통
해 우리에게 본을 보이셨다. 각 단계마다 강한 자 그룹을 향한 구
체적인 명령이 내포되어 있다.

| | 그리스도 | 강한 자 |
|---|---|---|
| 1단계 | 그리스도께서도 자기를 기쁘게 하지 아니하셨나니 기록된 바 주를 비방하는 자들의 비방이 내게 미쳤나이다 함과 같으니라 (롬 15:3) | 너희도 자기를 기쁘게 하지 말아라 심지어 비방도 참으라 (롬 15:1) |
| 2단계 | 그리스도께서 우리를 받아 하나님께 영광을 돌리심과 같이 너희도 서로 받으라 (롬 15:7) | 너희도 약한 자들을 받아들이라 (롬 15:7) |
| 3단계 | 그리스도께서 하나님의 진실하심(곧 진리)을 위하여 할례의 추종자가 되셨으니 (롬 15:8) | 너희도 약한 자의 뜻을 추종해 줘라 고기도 먹지 말고 포도주도 마시지 말아라 (롬 14:21) |

바울은 강한 자 그룹이 이러한 그리스도의 본을 따라 주기를 바랐다. "이제 인내와 위로의 하나님이 너희로 그리스도 예수를 본받아 서로 뜻이 같게 하여"(롬 15:5) 주기를 소망했다. '인내와 위로의 하나님'이라는 표현은 바울 스스로 이 요구에 무리한 부분이 있음을 알고 있었다는 증거다. 그는 앞에서 '인내'(휘포모네, ὑπομονή)라는 단어를 네 번 사용했는데 모두 성숙한 성도들이 영광의 소망을 바라보며 취해야 할 자세를 의미했다(롬 2:7; 5:3, 4; 8:25). 또 한편 바울은 '의인의 비방'에 대한 시편을 인용하면서(롬 15:3b; 시 69:9) 강한 자들이 이 말씀을 통하여 "인내로 또는 성경의 위로로 소망을 가지게"(롬 15:4) 되기를 원했다.

이렇게 바울이 강한 자들을 어르고 달래며 양보를 호소함은 지금 그 무엇보다 로마교회가 단합하는 일이 중요하기 때문이다. 바울은 오직 로마교회가 "한마음과 한 입으로 하나님 곧 우리 주 예수 그리스도의 아버지께 영광을 돌리게 하려"(롬 15:6) 했다. 유대인도 헬라인도 차별 없이 구원하는 이 복음을 땅 끝까지 전하여 온 세상이 하나님의 구원을 보도록 해야 했다. 복음의 주인공이신 그리스도께서는 유대인(곧 할례의 추종자)으로 태어나셨다(롬 15:8b). 이것은 "조상들(곧 유대인들)에게 주신 약속들을 견고하게 하시고 [동시에] 이방인들도 그 긍휼하심으로 말미암아 하나님께 영광을 돌리게 하려 하심"(롬 15:8c-9)이었다. 유대인이나 헬라인 '양쪽 모두의 구원'은 지금까지 설명한 바울의 복음과 복음 전파에 줄곧 강조되어 왔다.

이제 그는 구약의 찬송들을 통해 이것을 선명하게 종합하여 마무리한다. 이 찬송들은 '그리고 다시'(카이 팔린, καὶ πάλιν)라는 접속사로 연결되어 점점 확산하는 형태로 한 덩어리의 찬송을 이룬다.

| '카이 팔린' 송(롬 15:9-13) | | | | | | | | |
|---|---|---|---|---|---|---|---|---|
| 내가 **열방**(이방인) 중에서 주께 감사하고 주의 이름을 찬송하리로다 (롬 15:9; 시 18:49) | 그리고 다시 (카이 팔린) | **열방**(이방인)들아 **주의 백성**(유대인)과 함께 즐거워하라 (롬 15:10; 신 32:43) | 그리고 다시 (카이 팔린) | **모든 열방**(유대인+이방인)들아 주를 찬양하며 **모든 백성**(유대인+이방인)들아 그를 찬송하라 (롬 15:11; 시 117:1) | 그리고 다시 (카이 팔린) | 이새의 뿌리 곧 **열방**(유대인+이방인)을 다스리기 위하여 일어나시는 이가 있으리니 **열방**(유대인+이방인)이 그에게 **소망**을 두리라(롬 15:12, 사 11:10) | 그리고 (데, δὲ) | "**소망**의 하나님이 … **너희**에게 … **소망**이 넘치게 하시기를 원하노라 (롬 15:13) |
| 바울과 이방인 | | 이방인과 유대인 | | 모든 이방인과 유대인 | | 모든 인류 | | 너희 (로마교회) |
| **바울의 선교 소망** | | | | | | **너희도 이 소망을 가지라** | | |

158

이 찬송에서 바울은 구약의 헬라어 번역인 70인역의 구절을 거의 그대로 사용했다. 괄호 속 민족 구분은 그 구절들의 의미를 그대로 살린 것으로, 개역개정 성경에서도 확인할 수 있다. '열방'으로 번역된 '에트노스'(ἔθνος)는 경우에 따라 '이방인'을 의미하기도 하고 '세계 모든 민족'(마 24:14 등)을 의미하기도 한다. '백성'으로 번역된 라오스(λαός)도 유대인만 아니라 모든 민족에게 적용되는 명칭이다. 이렇듯 바울의 비전은 온 인류를 향한 것이었다. 지금은 주로 이방인을 선교하지만 이를 통해 유대인도 함께 구원받으리라 믿었다(롬 11:13-14; 11:25-26). 그리하여 이방인과 유대인이 다같이 즐거워하고 마침내 온 인류가 그리스도를 찬양할 날을 꿈꾸었다.

이것은 본래 하나님의 소망이었다. 이를 위해 자기 아들을 십자가에 죽이셨다. 이 구원의 소망을 믿고 깨달은 바울은 여기에 인생을 걸었고 로마교회도 동참하기를 간절히 원했다. 억지로가 아니라 "소망의 하나님이 기쁨과 평강을 믿음 안에서 너희에게 충만하게 하사 성령의 능력으로 소망이 넘치게"(롬 15:13) 된 상태로 말이다. 그래서 지금까지 온 힘을 다해 "하나님의 복음"(롬 1:1; 15:16)을 설명한 것이다.

### 너희가 그리로 보내 주기를 바람이라(롬 15:14-33)

바울은 이제 할 말을 다 했다. 로마교회에 나눠 줄 영적인 선물, 곧 복음과 선교의 비밀을 온전히 전했다. 하지만 정말 하고 싶은 말이 남았다. 사실 여기에 이르려고 이 먼 길을 달려왔는지 모른다.

그는 고조된 음성을 가라앉히고 차분하게 입을 연다. "내 형제들아 너희가 스스로 선함이 가득하고 모든 지식이 차서 능히 서로 권하는 자임을 나도 확신하노라 그러나 내가 너희로 다시 생각나게 하려고 … 담대히 대략 너희에게 썼노니"(롬 15:15). 이 말은 자기의 가르침에 로마교회가 충분히 수긍할 거란 기대이자 동시에 격려이다. 바울은 이미 했던 자기소개(롬 1:5, 13)를 다시 한다. 사실 자기는 로마교회 다수에게 여전히 낯선 존재였다. 그래서 자기의 역할을 재각인시킨다. "하나님의 복음의 제사장 직분을 하게 하사 이방인을 제물로 드리는 것"(롬 15:16)이라고 말이다. 이 사명은 하늘로부터 인정받은 것으로, "그리스도께서 이방인들을 순종하게 하기 위하여 나를 통하여 역사"(롬 15:18)하셨다고 그는 말한다. 그것은 "말과 행위로 표적과 기사의 능력으로 성령의 능력으로"(롬 15:18c-19a) 나타났다. 그는 지금까지 "예루살렘으로부터 두루 행하여 일루리곤까지 그리스도의 복음을 편만하게"(롬 15:19b) 전했다.

일루리곤은 당시 '마게도냐'(롬 15:26)에 속한 지역으로 로마가 있는 이태리 반도 옆 발칸반도에 속하는데 대략 지금의 알바니아다 (그 지역의 한 도시가 성경의 달마디아다. 딤후 4:10 참조). 바울은 일루리곤까지 갔다가 지금 고린도(아가야 지방)로 내려와 로마서를 쓰는 중이다. 일루리곤은 지금껏 바울의 발이 닿은 복음의 한계선이었다. 여기까지 그는 최선을 다했고 "이제는 이 지방에 일할 곳이"(롬 15:23) 더 이상 없다. 그래서 이제 복음의 불모지를 향해 해가 지는 서쪽으로 나아가려 한다. 거기가 바로 제국의 끝인 서바나 곧 스페인이다.

바울이 스페인을 목표로 한 이유는 구약의 예언과 관련이 있다. 그는 하나님께서 "여러 나라 곧 **다시스** … 로 보내리니 그들이 나의 영광을 뭇 나라에 전파하리라"(사 66:19) 한 이사야의 예언을 마음에 품었다. 이 영광이 전파되면 "그들이 너희 모든 형제(이방인을 의미함)를 뭇 나라에서 나의 성산 예루살렘으로 … 태워다가 여호와께 예물로 드릴 것"(사 66:20)이다. 그러면 마침내 "새 하늘과 새 땅이"(사 66:22) 열린다. 이 다시스가 바로 스페인에 속한 도시였다. 시편에서도 "다시스"(시 72:10)에 "땅 끝"(시 72:8)의 이미지가 엿보인다. 그래서 바울에게 그토록 스페인이 중요했다. 거기에 복음이 전파되면 마침내 "이방인의 충만한 수가"(롬 11:25) 들어오고 "온 이스라엘이 구원을"(롬 11:26) 받고 예수께서 재림하시리라 기대했기 때문이다.

이것이 이방인을 제물로 드리는 복음의 제사장 바울의 꿈이자 계획이었다(롬 15:16). 혹자는 당시 바울이 오판했다고 지적할지 모른다. 절대 그렇지 않다. 바울의 기대는 기대일 뿐 신조와 교리가 아니었다. 로마서 안에 분명 스페인이 땅끝이길 바라는 마음이 보이지만 바울은 절대로 이것을 공식적으로 발표하지 않았다. 자신의 구약 해석이 그릇될 수도 있음을 인정하고 주의했다는 증거다. 다만 그는 나이를 먹어 가면서 생전에 예수님 보기를 간절히 바랐고 이 소망을 스페인 선교에 투영하여 다음 목표로 삼았다. 이는 오판이 아니라 적극적이고 아름다운 사도의 자세다. 정신이 바른 성도는 모두 바울처럼 생전에 주님 오시기를 소망하며 산다. 무엇보다 당시 스페인은 위치상 로마제국의 최서단 끝으로 이른바 '야만인'의 나라였고, 이들에게 복음을 전하는 것은 대(大)사도의 당연한 사명감이었다. 이미 "헬라인이나 **야만인**이나 … 다 내가 빚진 자라"(롬 1:14) 밝힌 고백대로 말이다.

이를 위해 바울은 로마를 중간 베이스캠프로 삼기 원했다. 그래서 지금껏 로마교회의 인터뷰 앞에 스스로를 어필하는 중이다. 만인에게 통용되는 자기의 복음이 얼마나 중요한지, 그 복음 전파에 자신이 얼마나 합당한지 말이다. 여기에 바울은 또 하나 중요한 것을 추가했다. "그리스도의 이름을 부르는 곳에는 복음 전하지 않기를 힘썼노니 이는 남의 터 위에 건축하지 아니하려 함이라"(롬 15:20b). 바울은 지금 로마교회에 숟가락을 놓으려는 것이 아니다. 오직 복음의 불모지인 땅 끝 스페인이 목표다. "주의 소식을 받지 못한 자들이 볼 것이요 듣지 못한 자들이 깨달으리라"(롬 15:21, 사 52:15 인용) 한 예언을 이뤄야 한다. 이 거룩한 사명에 로마교회는 바울의 동반자로서 함께 사명을 감당하는 영광을 얻을 수 있다.

바울은 "여러 해 전부터 언제든지 서바나로 갈 때에 너희에게 가기를 바라고"(롬 15:23) 있었다. 말 그대로 "지나가는 길"(롬 15:24)일 뿐, 로마교회에서 어떤 지분도 원치 않았다. 이런 강조는 바울이 로마교회 안에 어떤 기득권 확장을 꾀하지 않을까 염려하던 자들이 있었음을 예상케 한다. 바울은 그들을 안심시키고 싶었다.

진짜 목표는 바로 "너희가 그리로(스페인으로) 보내 주기를 바람"(롬

15:24)이었다. 이 한마디가 로마서의 긴 논증에 정점을 찍는다. 낯선 로마교회에게(비록 일부 지지자들도 있었지만) 스페인 선교 동참을 권유하려고 외친 결과물이 바로 로마서였다. 혹자는 허무한 결론이요 로마서의 무게를 감소시킨다고 항의할지 모른다. 오히려 정반대다. 로마서의 복음 해설이 아무리 심오해도 이 실제적인 선교의 꿈과 맞물리지 않으면 의미가 크게 줄어든다. 그토록 귀하고 모든 이에게 필요한 복음이므로 반드시 전해야 한다는 게 로마서의 근본정신이다.

우리는 여기서 대(大)사도의 굳은 신념과 조심스러움을 동시에 목격한다. 그는 이 선교에 로마교회가 동참하길 소망했지만 충분한 공감 위에 그리되기를 원했다. 그런 심정이 "얼마간 기쁨을 가진 후에"(롬 15:24)에 담겨 있다. 자신의 제안이 수락되어 그들과의 만남이 기쁨이 되기를 간절히 원하고 있었다. 이 심정은 로마를 방문하기 전에 먼저 들를 예루살렘에서의 사명을 말하는 중에도 나온다. 그는 "마게도냐와 아가야 사람들이 예루살렘에 있는 성도 중 가난한 자들을 위하여 연보하는 것을 기쁘게 생각했다"(롬 15:26, 사역)고 말한다. '기쁘게 생각하다'(유도케오, εὐδοκέω)를 두 번이나 반복(롬 15:26, 27)한 것은 로마교회도 바울의 제안을 기쁘게 수락하기 바라는 마음의 연장이다.

계속해서 바울은 예루살렘의 임무와 로마 방문을 연결시킨다. "그러므로 내가 이 일을 마치고 이 열매를 그들에게 확증한 후에 너희에게 들렀다가 서바나로 가리라"(롬 15:28)와 또한 "내가 섬기는 일을 (예루살렘) 성도들이 받을 만하게 하고 나로 하나님의 뜻을 따라 기쁨으로 너희에게 나아가 너희와 함께 편히 쉬게 하라"(롬 15:31-32)가 그것이다. 바울은 로마서를 써 보낸 후에 진행될 스케줄이 순조롭기를 바랐다. 특히 예루살렘 방문 후 로마에 들렀을 때 그들의 기쁜 후원을 간절히 원했다. 그래서 일단 예루살렘에서의 임무를 각인시키고 "너희 기도에 나와 힘을 같이하여 나를 위하여 하나님께 빌어" 주기를 부탁했다(롬 15:30). 그 기도를 통해 선교 동참 제의에 마음을 열게 될 것이기 때문이다.

이 모든 정황을 바울의 개인적 욕심과 결부시키려 한다면 큰 오해다. 바울이 제시한 건 세상에서 가장 귀한 사명이다. 그는 지금 주님의 재림을 바라보며 인생의 가장 거대한 사명에 목숨을 걸었다. 여기에 로마교회를 끼워 주려는 것이다. 바울은 결코 뒷목을 잡아 억지로 끌고 가지 않는다. 그들이 충분히 공감하고 기쁘게 동참하기를 바란다. 로마서는 그 거대한 꿈과 겸허함의 결정체다. 바울의 이런 심정은 하나님께로부터 나온 것이다. 하나님은 심판과 진노 대신 자기 아들의 피를 흘리셨다. 미천한 인간을 구하려고 자기를 낮추시고 철저히 인간의 입장에서 다가와 복음을 주셨다. 주님의 구원은 철저히 인간 존중에 바탕을 둔다. 바울의 권유는 하나님을 닮았다. 복음의 참뜻을 알기에 이토록 긴 편지를 쓰며 설득했고 자발적으로 성숙한 결단을 내리도록 이끌었다. 이런 접근에 교만한 자는 목을 곧게 하지만 진실로 깨달은 자는 감격한다.

# 결론

## 뵈뵈를 영접하라(롬 16:1-3)

본론을 다 마친 바울은 이제 '뵈뵈'라는 여성을 소개한다. 여러 학자들이 말미의 "여러(본래는 많은) 사람과 나의 보호자가 되었음"(롬 16:2)에 집중한다. '보호자'(프로스타티스, προστάτις)라는 명칭을 당시 후원자-의뢰인(patron-client) 문화와 연결하여 그녀의 부의 척도로 보는 경향이 있다. 이것은 어긋난 접근이다. '보호자'보다 중요한 건 "우리 자매 뵈뵈"(롬 16:1)이다. '자매'(아델페, ἀδελφή)라는 표현은 신앙 공동체의 여성을 칭할 때 주로 썼다(고전 7:15; 빌 1:2. 다른 사도들도 사용함,

약 2:15; 요이 1:13). 즉 바울과 뵈뵈의 관계는 사회적이 아니라 신앙적이었다.

무엇보다 그가 강조한 것은 그녀가 "겐그레아 교회의 일꾼"(롬 16:1)이고 로마교회는 "성도들의 합당한 예절로 그를 영접하고 무엇이든지 그에게 소용되는 바를 도와"(롬 16:2)주라는 것이다. 이때의 일꾼을 집사로 한정 짓는 건 문제가 많다. 성경의 '디아코노스'(διάκονος)는 오늘날의 집사와 차이가 있다(아니면 오늘날의 집사 개념이 바뀌어야 한다). 이 명칭은 본래 바울이나 아볼로 같은 전임 사역자들에게 사용되었다(고전 3:5; 고후 11:23; 엡 3:7 등 참조). 바울은 교회 차원에서 그녀의 필요를 채워 주라고 명령했는데, 그녀가 대단한 부자였다면 의미 없는 부탁이다. 따라서 이는 뵈뵈가 교회의 녹을 먹을 자격이 있는 전임 사역자라는 의미다.

심지어 바울은 그녀를 '추천한다'(쉰이스테미, συνίστημι). 이 단어는 '함께(쉰) 세우다(이스테미)'라는 뜻인데 바울 자신부터 이 추천 문제로 자주 고통을 당했다(고후 3:1; 5:12; 10:12; 12:11). 그런 그가 뵈뵈를 추천한 것은 그녀의 목회자적 위치가 별 어려움 없이 로마교회에서 인정받기를 바란 것이다.

뵈뵈가 로마서의 전달자라는 데는 거의 이견이 없다. 다만 바울이 왜 그 사실을 적시하지 않았는지 궁금해하는 경향은 있다. 아마 로마서를 들고 뵈뵈가 나타났다는 사실 자체가 언급을 대신했을 것이다. 결론적으로 그녀는 단순한 편지 전달자 이상이었다. 바울을 대신하여 로마서의 어려운 개념에 대한 질문에 답하고 설명하는 뵈뵈를 우리는 충분히 상상할 수 있다. 현대 교회가 한때 여성 안수 문제로 왈가왈부했던 것이 얼마나 부끄러운 일인지 보여 준다.

### 내 지인들에게 문안하라(롬 16:3-16)

이어서 바울은 로마교회 내부의 지인들의 이름을 거론하며 문안할 것을 지시한다. 이름이 언급된 사람은 26명이고 그들에게 딸린 "집에 있는 교회"(롬 16:5), "권속"(롬 16:10), "가족"(롬 16:11), "그의 어머니"(롬 16:13), "함께 있는 형제들"(롬 16:14), "그의 자매"(롬 16:15), "함께 있는 모든 성도"(롬 16:15)가 추가된다.

이 중 아리스도불로의 '권속'(에크 톤 아리스불루, ἐκ τῶν Ἀριστοβούλου)과 나깃수의 '가족'(에크 톤 나르킷수, ἐκ τῶν Ναρκίσσου)은 동일한 표현으로 원래 뜻은 그들에게 '속한 사람들'이다(개역개정은 이를 각각 '권속'과 '가족'으로 다르게 번역했다). 일차적으로는 '가족'이고 넓게 보면 그 집의 노예까지 포함 가능하다. '문안하라'는 동사는 2인칭 복수 명령형이다(아스파사스테, ἀσπάσασθε). 바울이 그들에게 문안하는 것이 아니라 로마교회로 그들에게 문안할 것을 명령하는 것이다(바울과 그의 팀의 문안은 뒤에 따로 나온다, 롬 16:21-23). 아마 바울은 자신의 지지 기반을 교회 전체에 드러내고 동시에 그들의 명예를 세워 주려 한 것 같다.

이 명단은 당시 로마교회가 가정교회 형태였음을 보여 준다. 브리스가와 아굴라의 "집에 있는 교회"(롬 16:5)와 "그들과 함께 있는 형제들"(롬 16:14) 그리고 "그들과 함께 있는 모든 성도"(롬 16:15)라는 표현이 이를 보여 준다. 아리스도불로와 나깃수의 집까지 포함하면 대략 다섯 개 정도의 가정교회 형태가 보인다.

이들 중 확실한 유대 이름은 '마리아'(롬 16:6)뿐이다. 하지만 당시 유대인들도 헬라나 라틴식 이름을 가지는 경향이 많았다. 아마 혈통상 유대인은 아굴라(롬 16:3), 마리아(롬 16:6), 안드로니고와 유니아(롬 16:7), 헤로디온(롬 16:11), 루포(롬 16:13) 정도였을 것이다.

그중 브리스가와 아굴라(롬 16:3) 부부가 가장 먼저 소개된다. 이들이 로마에 있다는 것은 클라우디우스의 유대인 추방(AD 49년)이 끝났다는 증거다. 이 부부는 바울의 선교를 열심히 돕다가 지금 로마로 돌아온 것이 분명하다(행 18장). 이들은 매우 헌신적이어서 바울은 그들을 "그리스도 예수 안에서 나의 동역자들"(롬 16:4)이라 불렀고 다른 서신에도 이 부부가 두 번이나 더 등장한다(고전 16:19; 딤후 4:19. 이외 행 18:2, 18, 26).

흥미로운 것은 아내 브리스가의 이름이 자주 앞선다는 점이다(총 6번 중 4번). 이 문제를 놓고 여러 추측이 있는데 브리스가의 열심이 앞서서 그렇다는 의견도 있지만 보통 그녀가 로마의 귀족 출신이어서라고 보는 견해가 강하다. 바울이 굳이 아굴라만 아니라 "저의(그들의, 즉 복수임) 집에 있는 교회"(롬 16:5)라고 한 것도 이런 추측을 지지한다. 초대교회 당시 바울의 선교에 이 부부가 매우 중요한 위치를 차지했고 그들의 헌신이 온 세상 교회에 널리 알려져 있었음은 분명하다. 그래서 바울은 "이방인의 모든 교회도 그들에게 감사하느니라"(롬 16:4)라고 말하고 있다.

또 한 명의 독특한 존재는 "너희를 위해 많이 수고한 마리아"(롬 16:6)이다. 대부분의 사람들은 바울과의 동역으로 칭찬을 들었지만 마리아는 로마교회를 위해 '많이' 수고했다. 이는 그녀가 추방 이전부터 '그리스도파' 유대인으로서 신자들을 섬겼음을 추정케 한다. 그러면 그녀와 바울과의 인연도 브리스가 부부처럼 유대인 추방 시기였을 확률이 높다.

또 하나 유의할 것은 이 명단에 바울의 친척들이 등장하는 것이다. 그중 특히 '안드로니고와 유니아'는 "사도들에게 존중히 여겨지고 또한 나보다 먼저 그리스도 안에 있는 자"(롬 16:7)로서 로마에 기독교 신앙을 처음 가져왔던 예루살렘 방문 그룹의 일원일 가능성이 높다(행 2:10). 이들이 바울과 감옥에 "함께 갇혔던"(롬 16:7) 것 역시 AD 49년의 추방 후 그와 접촉했을 때의 일일 것이다. 또 다른 친척의 이름은 '헤로디온'(롬 16:11)이다. 이 이름이 헤롯 가문과 연관이 있고 고고학의 추측대로 당시 로마에 헤롯과 관련된 회당이 있었다면 그의 존재 역시 추방 이전의 로마회당과 연결될 가능성도 있다.

"주 안에서 택하심을 얻은 루포와 그의 어머니"(롬 16:13)도 자주 주목받는 인물이다. 루포를 예수의 십자가를 대신 진 "알렉산더와 루포의 아버지인 구레네 사람 시몬"(막 15:21)의 아들로 보려는 경향이 있다. '주 안에서의 택하심'이라는 표현이 이런 추측을 더 부추긴다. 만약 그렇다면 바울이 루포와 친하고 또 "그의 어머니는 곧 내 어머니라"(롬 16:13)라고 말한 것은 어쩌면 예수의 십자가 사건을 더 자세히 알고 싶어 했던 바울의 열망의 흔적도 될 것이다. 하지만 단지 상상일 뿐 확실하지는 않다.

이 외에도 명단에는 여성들(브리스가, 마리아, 유니아, 드루배나, 드루보사, 버시, 율리아, 루포의 어머니 등)과 노예 출신들로 보이는 자들(암블리아, 헤로디온, 드루배나, 드루보사, 버시, 네레오, 이외에 아리스도불로와 나깃수에 속한 자들 등)이 차별 없이 함께 등장한다. 이 모두는 당시 파격적이었던 '그리스도 안에서의 평등'이라는 바울의 사상을 입증한다. 즉 "너희는 유대인이나 헬라인이나 종이나 자유인이나 남자나 여자나 다 그리스도 예수 안에서 하나"(갈 3:29)라는 그의 생각이 사실이라는 강한 증거이다.

자기의 지지자들을 부각시켜 교회의 시선을 받게 한 바울은 이제 교회 전체를 향하여 "거룩한 입맞춤으로 서로 문안하라"(롬 16:16a)라고 명한다. '거룩한 입맞춤'(필레마티 하기오, φιλήματι ἁγίῳ)은 성경에서 오직 바울만 사용한 표현으로 성도간의 친밀한 인사를 의미한다(고전 16:20; 고후 13:12; 살전 5:26. 베드로는 사랑의 입맞춤이란 표현을 사용했다. 벧전 5:14).

이후 바울은 "그리스도의 모든 교회가 다 너희에게 문안하느니라"(롬 16:16b)로 문안 명령을 마감한다. 결국 그는 자기 지지자들을 중심으로 온 로마교회를 묶은 후에 그들을 다시 세상의 모든 교회와 묶고 있는 것이다.

## 이같은 자들에게서 떠나라(롬 16:17-20)

방금 살펴본 '문안 명령'은 더 뒤에 나오는 '문안드림'(롬 16:21-23)으로 연결되는 것이 맞을 것 같다. 하지만 불쑥 끼어든 이 단락은 이제까지의 분위기와 사뭇 다르다. 그래서 여러 학자들이 후대의 삽입을 거론한다(16장 전체를 삽입으로 보는 사람도 있다).

하지만 섣부른 판단이다. 지금까지 바울은 로마교회를 하나로 묶기 위해 온 힘을 다했다. 그래서 마침내 자기 지지자들을 중심으로 온 교회가 거룩한 입맞춤을 나누게 만드는 대단원에 이르렀다(롬 16:16). 그러자 어떤 용기가 생겼다. 이대로 끝내기에 자꾸만 눈에 밟히는 자들이 있었기 때문이다. 처음엔 그냥 넘어가려 했다. 하지만 기왕에 자기 가르침을 중심으로 온 교회의 합심을 선언한 지금, 바울은 '정말 하고 싶었던 이야기'를 꺼내기로 했다. 이런 의식의 흐름을 상상하면 이 문안 명령 뒤에 갑자기 강력한 경고가 뒤따름이 어색하지 않다. 바울이 반대자들을 강하게 질타하는 일은 결코 드물지 않다(고전 5:13; 갈 1:8; 빌 3:18 이하 등). 즉 그의 의로운 성격이 내내 절제되고 순화되다 말미에 터져 나온 것이다.

왜냐하면 도저히 넘어갈 수 없는 자들이라고 판단했기 때문이다. 이들은 바울에게 "배운 교훈을 거슬러 분쟁을 일으키거나 거치게 하는 자들"(롬 16:17)이었다. 사실 로마교인 대부분은 바울의 지지자들을 통해 전해진 "교훈의 본을 마음으로 순종"(롬 6:17)했다. 하지만 끝내 거부하는 세력도 있음을 바울은 알았다. 그래서 그토록 로마교회를 방문하고 싶어 했고 사전 작업으로 기나긴 로마서를 먼저 보낸 것이다. 따라서 로마서 안에 이들의 정체는 내내 암시되어 왔다.

바울의 복음은 죄와 부딪힌다. 복음을 받아들이면 죄악 된 생활을 버려야 한다. 가끔 삐딱한 방종주의자들도 있지만(롬 6:1; 13:11-14) 그건 바울의 복음을 지나치게 '잘' 받아들였기 때문이다. 바울은 이런 자들을 다독여 거룩함으로 이끌고자 했다(롬 6:17-23). 하지만 율법주의는 달랐다. 그의 복음은 죄와 마찬가지로 율법과도 부딪힌다. 하지만 율법은 죄와 달리 거룩하고 의롭고 선한 것이므로 버리면 안 된다(롬 7:7; 7:12). 바울 스스로도 이를 인정했다. 그래서 율법주의자들을 굴복시키기가 힘들었다. 복음이 최종적으로는 율법을 넘어서야 하는데 여기에 많은 장애가 있었다.

이를 감안해 보면 지금 그가 의식하고 있는 로마교회 내부의 적들이 드러난다. 바울은 14장에서 음식과 날의 규례를 논하면서 "그런즉 우리가 다시는 서로 비판하지 말고 도리어 부딪힐 것이나 거칠 것을 형제 앞에 두지 아니하도록 주의하라"(롬 14:13) 하고 말했다. '다시는'(메케티, μηκέτι, 더 이상)이 보여 주듯 이들은 로마교회에 이미 존재하는 자들이다.

앞서 살펴본 대로 이들의 정체는 '금욕적 율법주의자'였다. 바울은 이들을 '연약한 자'라고 저평가했지만 그래도 그들의 손을 들어 주었다. 이를 위해 지지자들 곧 강한 자 그룹에게 양보까지 명령했다. 스페인 선교 계획이 차질을 빚지 않게 하기 위해서다. 하지만 편지에 마침표를 찍을 때가 되자 끝내 이들이 껄끄러웠다. 그래서 과감한 명령을 던졌다. "형제들아 … 그들에게서 떠나라"(롬 16:17). 만일 그들이 끝까지 교훈을 거스르면 떠나라고 말이다. 바울이 '형제'라고 부른 이들은 방금 전 명단의 지인들과 이들에게 동조하는 로마의 교인들이다. '떠나라'는 말 '에크클리노'(ἐκκλίνω)는 '머무는 것에서 벗어나다'는 뜻으로(에크는 '~로 부터'이고 클리노는 '두다'의 의미. 마태복음 8장 20절에서는 머리를 '두다'로 번역됨) 현재 대적자들이 교회 중심부에 있음을 암시한다.

이런 양상은 바울이 고린도교회에게 "이 악한 사람은 너희 중에서 내쫓으라"(고전 5:13; 갈 4:30의 암시도 참조) 명령한 것과 크게 대조된다. 대적자들이 로마교회 안에서 큰 권한과 기득권을 가지고 있음을 알 수 있다. 바울은 그들을 "자기들의 배만"(롬 16:18) 섬기는 자들로 소개했는데, 이 표현은 빌립보서에 나오는 대로 "그들의 신은 배요 그 영광은 그들의 부끄러움에 있고 땅의 일을 생각하는 자"(빌 3:19)를 연상시킨다. 얼핏 방탕한 모습 같지만 궁극적으로 그들은 "그리스도의 십자가의 원수로"(빌 3:18) 행하는 자들이었다.

그러므로 로마서의 대적들과 맥을 같이한다. 바울의 복음에 '그리스도의 십자가'(롬 6:6)가 중심이라면 이들 역시 '그리스도의 십자가의 원수'로 행하고 또 앞으로 행할 존재였다. 더구나 이들은 "교활한 말과 아첨하는 말로 순진한 자들의 마음을 미혹"(롬 16:18)까지 한다. '미혹한다'(엑사파타오, ἐξαπατάω)는 말은 "죄가 기회를 타서 계명으로 말미암아 나를 속이고(엑사파타오)"(롬 7:11)라는 구절에서 한 번 사용되었다. 아마 이들의 미혹이 계명 즉 율법에 관련됨을 암시한 듯하다. 이런 모습은 율법 규례들로 형제를 근심하게 하던 자들의 모습과 직결된다(롬 14:13-15).

바울은 로마교인 대대수가 결국 자기를 따르리라고 기대했다(롬 16:19). 최종적으로 승산을 얻은 셈이다. 그래서 걸림돌이 될 자들에게 더 강력한 경고를 남기기로 작정했다. 그의 선한 복음과 선교에 반대하는 것은 악하고 사탄에게 속한 것이라고 말이다. 그래서 로마교회에게 과감하게 선언했다. "너희가 선한 데 지혜롭고 악한 데 미련하기를 원하노라"(롬 16:19). 이때의 '선'(아가토스)과 '악'(카코스)은 앞서 바울이 보여 준 선악 구도와 정확히 맞물린다. 즉 화목하여 복음에 집중함과 분쟁하여 복음을 외면함을 대조한다. 이런 선포는 바울에게 더 큰 확신을 주었고 마침내 그는 승리의 선언까지 쏟아냈다. "평강의 하나님께서 속히 사탄을 너희 발아래에서 상하게 하시리라"(롬 16:20). 바울의 하나님은 '평강의 하나님'이시다. 평화를 깨는 세력을 반드시 부수시고 로마교회를 지키실 것이다. 이 모두는 바울이 얼마나 로마교회가 성숙하기를 바랐고 그들과 힘을 합쳐 땅 끝 스페인 선교를 완수하고 싶었는지 절실히 보여 준다.

덧붙이자면 악한 데 '미련하라'는 번역은 원문의 뜻과 좀 다르다. 이 '아케라이오스'(ἀκέραιος)라는 단어는 원래 '아무것도 섞이지 않은 상태'를 의미한다. 성경에 두 번 더 나오는데 '순결하다'(마 10:16)와 '순전하다'(빌 2:15)로 번역되었다. 아마도 개역개정은 앞 문장의 '지혜롭고'와 운이 맞아서 이전 개역한글을 그냥 따른 것 같다. 하지만 이 언어 유희가 오히려 바울의 뜻을 희석시킨다. 바울이 바란 것은 로마교회가 대적자들의 반대와 훼방에 조금도 섞이지 않고 순결하고 순전하게 자기와 동역하는 것이었다.

## 우리도 문안하노라(롬 16:21-24)

끝으로 바울은 지금 로마서를 쓰는 자리에 함께 있던 동료들의 인사를 전한다. 가장 먼저 "나의 동역자 디모데"(롬 16:21)가 언급되었다. '동역자'(쉰에르고스, συνεργός)는 말 그대로 '함께 일하는 자'다. 2차 선교 여행 당시 바울은 루스드라에서 디모데를 만나 데리고 떠났다(행 16:13). 이후 그는 바울의 말년까지 가장 중요한 동역자요 제자요 '아들'(고전 4:17; 딤전 1:2, 18; 딤후 1:2)의 역할을 했다. 심지어 바울 서신 중 여섯 권(고린도후서, 빌립보서, 골로새서, 데살로니가전서, 데살로니가후서, 빌레몬서)의 공동 저자로 나란히 이름이 올랐다.

'누기오'(루기오스, Λούκιος)는 사도행전 13장 1절의 '루기오'(루기오스, Λούκιος)와 똑같은데 개역개정이 다르게 번역한 것은 반드시 수정해야 한다. 또 하나는 "나의 친척 누기오 …"(롬 16:21)에서 친척이 복수형(쉥게네이스, συγγενεῖς)이란 사실이다. 헬라어 원전은 셋의 이름이 '그리고'(카이)로 연결되어 나오고 맨 끝에 '나의 친척들'(호이 쉥게네이스 무, οἱ συγγενεῖς μου)이 붙어 있다. 따라서 이 셋은 모두 바울의 친척일 가능성이 크다. '루기오스'를 '누가'(루카스, Λουκᾶς)와 연결시키려는 사람이 있는데, 그보다는 앞서 언급한 안디옥 교회의 지도자

'루기오'(행 13:1)일 가능성이 더 높다.

야손은 바울의 2차 여행 당시 데살로니가에서 만난 야손과 동일 인물로 보인다(행 17:5, 6, 7, 9. 이아손, Ἰάσων). 바울을 놓친 유대인들은 "야손이 그들을 맞아들였도다"(행 17:7)라며 고소했다. 이후 야손과 그의 형제들은 보석금을 내고서 풀려났다(행 17:9).

소시바더(소시파트로스, Σωσίπατρος)는 아마도 바울이 고린도에서 로마서 집필을 마친 후 함께 예루살렘으로 떠난 사람 중 하나인 "베뢰아 사람 부로의 아들 소바더"(행 20:4, 소파트로스 Σώπατρος)일 것이다. 당시 '소파트로스'가 '소시파트로스'의 줄임말로 사용된 사례들이 발견되었다.

이들이 다 바울의 친척이라는 점은 새삼 몇 가지 사실을 일깨워 준다. 먼저 로마서 전체에만 바울의 친척이 여섯 명이나 된다(안드로니고와 유니아, 헤로디온, 누기오, 야손, 소시바더). 이는 복음이 가까운 혈육에게 먼저 전파되는 현상을 보여 준다. 바울은 "내 골육의 친척을 위하여"(롬 9:3) 저주라도 받겠다고 했는데 이는 동족 사랑이면서 동시에 혈육에 대한 사랑이었다. 오늘날도 교회 안에 여러 가족들이 얽혀 있는 것은 지극히 정상이며 모두가 가족 전도에 힘써야 한다. 이들이 바울의 소중한 동역자가 되었음도 잊지 말아야 한다. 혈육끼리는 당연히 친하지만 이들은 그 한계를 넘어 믿음으로 더 값진 관계를 형성했다. 가족 별로 자칫 파당을 이루기 쉬운 오늘날의 교회가 깊이 새길 일이다. 교회에는 혈육을 뛰어넘는 사명이 있다.

이어서 지금까지 로마서를 대필한 더디오의 문안이 나온다. 바울의 허락을 받아 썼겠지만 이 문장만큼은 바울이 아닌 "나 더디오"(롬 16:22)의 목소리다. 확정하긴 어렵지만 그가 붙인 "주 안에서"(롬 16:22)는 문장 제일 뒤에 나오므로 '문안하노라'보다 '기록하는'을 꾸밀 가능성이 높다. 만약 그렇다면 그가 로마서 대필에 큰 사명감을 가졌다는 증거다. 혹자는 더디오의 이름을 근거로 그가 노예 출신이며 아마도 뵈뵈의 소유였을 것이라 하는데, 이는 무리한 추정이다. 로마서 전체의 흐름과 문장을 보면 그는 매우 실력 있는 서기였음이 분명하다.

이후에 등장하는 가이오, 에라스도와 그의 형제 구아도는 모두 로마서 집필 장소인 고린도에 속한 자들이다. 성경에는 네 명의 가이오가 더 나오는데 고린도 사람 가이오(고전 1:14), 마게도냐 사람 가이오(행 19:29), 더베 사람 가이오(행 20:4), 요한삼서의 가이오(요삼 1:1)다. 로마서의 가이오는 지금 고린도에서 "나와 온 교회를 돌보아 주는"(롬 16:23) 중이므로 고린도 사람 가이오일 것이다. 그렇다면 그는 고린도의 회당장 그리스보와 함께 바울에게 세례를 받았던(고전 1:14) 인물로서 정황상 회당 옆에 살았던 "하나님을 경외하는 디도 유스도"(행 18:7)일 확률이 높다. 그 외 다른 가이오들은 단정할 순 없어도 개별적 인물들로 보인다.

끝으로 에라스도에게 굳이 "이 성의 재무관"(롬 16:23)이라는 명칭을 붙인 것은 의도적이다. 고린도 시의 재무관에 대해 여러 상반된 추측들이 있지만 그것이 에라스도와 그 형제 구아도에게 명예로웠으며 바울 자신의 이미지에도 도움이 된다고 보는 것이 정상이다.

### 마지막 기원(롬 16:25-27)

바울은 간절한 기원을 담은 찬송으로 로마서를 마친다. 이 단락은 일종의 찬가 형식인데 한 문장으로 된 긴 운문이라 번역이 힘들다. 그래서 개역개정은 주어 동사는 물론 절의 순서까지 원문과 다르게 번역해 버렸다. 이 구절을 최대한 헬라어 순서대로 다시 번역해 보겠다.

> 25절. 나의 복음과 예수 그리스도를 전파함으로 능히 너희를 견고하게 하시는 그분께, 영원한 시간에 침묵당해 온 신비한 계시를 따라,
> 26절. 그리고 선지자들의 글을 통하여 이제 밝혀졌으니 깨달은 모든 민족을 믿음의 순종으로 이끄시는 영원하신 하나님의 명령을 따라,
> 27절. 홀로 지혜로우신 하나님께, 예수 그리스도를 통하여, 그 영광이 영원무궁하시리로다, 아멘.

하나님은 로마교회를 능히 견고하게 하실 분이다. 그 일에 '나의 복음과 예수 그리스도를 전파함' 이 둘을 사용하실 것이다. 그

래서 바울은 힘을 다해 이 둘을 선포했고 드디어 마쳤다. 이제 그는 모든 결과를 온전히 하나님께 맡기면서 대단원의 찬송을 드린다. 로마교회뿐 아니라 모든 민족이 이 복음을 깨닫고 믿고 순종하기를 소망하면서.

그 소망의 열매가 지금 로마서를 읽는 우리들이다. 그리스도의 복음이 로마교회를 거쳐 나에게까지 전해졌으니 우리도 하늘의 영광에 참여할 것이다. 그러므로 복음에 동참하라는 로마서의 요구에 이제는 기꺼이 응답할 차례다.

# 더 깊이 읽기: 로마교회의 갈등하는 두 그룹

## 바울 지지자들

지금까지 우리는 본문정독을 통해 로마서를 일차 관통했다. 이 과정에서 로마교회 내부의 여러 그룹이 감지되었다. 그중 가장 실체가 뚜렷하게 나타나는 두 그룹을 알아보자.

먼저 '바울 지지자'들이다. 이 그룹의 리더들은 이름도 공개되었다(롬 16:3-15). 선두에 위치한 브리스가와 아굴라(롬 16:3), 마리아(롬 16:6) 그리고 안드로니고와 유니아(롬 16:7) 같은 유대인들이다. 이들의 기원은 유대인 추방 이전으로 소급된다. 아마 안드로니고와 유니아 같은 예루살렘 순례자들을 통해 신앙이 들어왔고(이르면 AD 33년경), 브리스가와 아굴라 등은 이들을 통해 예수를 믿고 분쟁에 휩쓸렸다가 추방되었다(AD 49년). 5년간의 추방 동안 이들은 바울을 만나서 이방인을 포용하고 율법으로부터 자유로운 복음을 배웠다. 로마로 복귀한 후(AD 54년) 회당과 완전히 분리된 교회를 세우고 차별 없이 복음을 전하여 많은 이방인 신자를 얻었다.

이 그룹의 인종 구성은 소수의 유대인들과 다수의 이방인들이었다(롬 1:6; 11:13). 물론 리더들은 바울 계통의 유대인들이다. 그래서 전체적으로 바울의 복음을 따르는 분위기가 형성되었다(롬 6:17-18 참조). 이들은 율법 준수로부터 비교적 자유로웠고 "모든 것을 먹을 만한 믿음"(롬 14:2)이 있으므로 바울은 "믿음이 강한 우리"(롬 15:1)라고 불렀다. 하지만 이들 중 일부 이방인들은 바울의 복음을 오해 또는 악용해서 과거의 죄를 다 버리지 않은 상태였다. 그래서 그는 "너희 육신이 연약하므로 내가 사람의 예대로 말하노니 전에 너희가 너희 지체를 부정과 불법에 내주어 불법에 이른 것같이 이제는 너희 지체를 의에게 종으로 내주어 거룩함에 이르라"(롬 6:19)라고 가르쳤다. 또한 거룩함과 성령으로 승리하는 삶(롬 6-8장)을 강조했고 '방탕, 술 취함, 음란, 호색' 등을 지적하며 "오직 주 예수 그리스도로 옷 입고 정욕을 위하여 육신의 일을 도모하지 말라"(롬 13:11-14) 명령했다.

## 유대인 개종자들

또 다른 그룹은 일명 "믿음이 연약한 자"(롬 14:1 이하)다. 이들은 로마서 전반에서 율법적인 성향을 보인다. 많은 로마서 연구자들이 유대인 율법주의자로 단정 짓지만 그것은 섣부른 추측이다.

바울이 비판하는 로마서의 율법주의자들은 독특하다. 먼저 율법을 준수할 뿐 아니라 고기와 포도주도 먹지 않는다. 또 이런 금욕적 율법 사상을 다른 사람에게 강요한다. 하지만 할례는 강요하지 않는다. 바울은 이들을 "유대인이라 불리는 네가"(롬 2:17)라고 부르며 비판했다. 정확히 번역하면 "만약 네가 유대인으로 불린다면"(롬 2:17, 사역. 여기서 '불리다'는 에프오노마조, ἐπονομάζω의 수동태로 어떤 존재 위에 추가적인 이름이 주어져 그 이름으로 분류된다는 뜻)이다. 바울이 베드로를 타고난 유대인이라고 부른 것을 볼 때(갈 2:14, 원문에는 '본래 존재하는'을 뜻하는 휘파르콘, ὑπάρχων이 함께 있다), 이들은 타고난 유대인이 아니라 명칭만 유대인인 것으로 보인다. 이들은 "율법을 의지하며 하나님을 자랑"(롬 2:17)한다. 또한 자신을 로마 교인들에게 '인도자, 빛, 교사, 선생'(롬 2:19-20)으로 내세운다. 하지만 바울은 "다른 사람을 가르치는 네가 네 자신은 가르치지 아니하느냐"(롬 2:21)라고 하며 이들의 이중성을 폭로한다. 이들은 '도둑질, 간음, 신전 물건 도둑질'을 범했다(롬 2:21-22). '간음'은 유대인에게도 적용 가능한 죄이지만 '신전 물건 도둑질'(히에로쉴레오, ἱεροσυλέω)은 다르다. "우상을 가증히 여기는"(롬 2:22) 유대인은 우상 신전 출입 자체를 꺼릴 것이기 때문이다.

그래서 많은 해석들이 나온다. 바울이 특정 유대인의 실제 죄를 폭로했다기보다 그냥 연설 중에 나온 수사학적인 표현으로 보는 것이 대세다. 즉 유대인의 이중성을 강조하려고 사용한 과장 발언이었다는 것이다. 또 다른 각도에서 요세푸스의 책에 언급된 '이방 신전 물건 강탈 금지'(Josephus, Ant 4. 207)를 인용하는 사람도 있지만 이 역시 조항일 뿐 실제 유대인이 저지른 범죄 사례는 아니다. 하지만 바울은 분명히 이를 누군가에게 적용했다. 그가 비판하는 "유대인이라 불리는 너"(롬 2:17)는 명백히 로마교회 내부의 교사와 선생으로 드러났다. 이런 자들에게 비현실적이고 과장된 비판을 적용하면 오히려 청중의 반발을 사서 역공을 당할 수 있다.

그럼 이들의 정체가 뭘까? 바울은 계속해서 "네가 율법을 행하면 할례가 유익하나 만일 율법을 범하면 네 할례는 무할례가 되느니라"(롬 2:25)라고 지적했다. 이것은 그들의 정체성과 자부심이 '할례'와 관련 있다는 말이다. 율법을 제대로 지켜야 할례의 효력을 얻을 수 있다. 이 말에는 할례를 통해 유대인이 되었다는 뉘앙스가 있다. 다시 말해 율법을 범하여 할례의 효력이 떨어지면 그들은 무할례 상태가 되며 즉시 '무할례자'(즉 이방인)와 비교 대상이 된다(롬 2:26-27). 그러므로 앞서 살펴봤듯 이들은 타고난 유대인은 아닐 것이다. 만약 이들이 타고난 유대인이라면 바울의 비난은 큰 타격감이 없다. '누가 뭐래도 나는 태생적인 유대인'이라고 하면 된다. 할례로 유대인 정체성을 얻은 게 아니라 유대인이라서 아기 때 할례를 받았을 뿐이다. 하지만 이 존재들은 혈통보다 할례가 목을 쥐고 있다. 이 효력 없이는 유대인으로 불리기 힘들다. 그렇다면 이들은 유대인도 아닌데 어떻게 할례를 받고 율법주의자가 되었을까?

여기서 우리는 로마교회의 독특한 역사적 배경을 다시 떠올리게 된다. 처음 로마에 신앙을 가져온 예루살렘 순례자들을 사도행전은 굳이 "유대인과 유대교에 들어온 사람들"(행 2:10)로 구분하고 있다. 이때 유대교에 들어온 사람들은 누굴까? 통념과 달리 당시 유대교는 하나님을 경외하는 이방인들에게 회당 출입을 허용했다. 예수님 당시 가버나움 백부장(눅 7:3-5)이나 베드로가 만난 고넬료(행 10:35) 등이 그들이다. 바울도 비시디아 안디옥 회당에서 청중을 향해 "아브라함의 후손과 너희 중 하나님을 경외하는 사람들아"(행 13:26. 이외 13:50; 17:4, 17 등 참조)라고 말했다. 이처럼 이방인이지만 유대교의 하나님을 믿고 회당 예배에 참여했던 이들을 '하나님 경외자'라고 불렀다. 그런데 이 경외자 중에 진짜 유대인이 되기를 갈망하는 사람들이 있었다. 유대인들은 이들을 인정하고 문을 열어 두었는데 그 조건이 바로 할례였다. 이는 결코 호락호락하지 않았다. 유대인들은 난 지 8일에 할례를 받았으므로 고통의 기억이 없다. 하지만 당시 어른의 할례는 목숨을 걸만큼 위험했다. 마취와 소독 개념이 거의 없었기 때문이다.

이렇게 혹독한 할례를 거쳐 유대교로 개종한 자들이 바로 '유대교에 들어온 사람들'(본래 한 단어로 프로셀뤼토스, 즉 개종자)이었다. 이들의 흔적은 사도행전 곳곳과(행 2:10; 6:5; 13:43) 심지어 예수님 당시 서기

관과 바리새인들이 "교인(프로셀뤼토스) 한 사람을 얻기 위하여 바다
와 육지를 두루"(마 23:15) 다닌 데서도 확인된다. 개종자들은 정식
유대인으로 인정받아 회당의 정회원이 되었고 태생적 유대인보다
더 율법과 전통에 열심이었다. 목숨을 걸고 개종했기 때문이다.
그런데 사도행전은 왜 로마에서 온 예루살렘 순례자들 중에 이런
'개종자'가 있었다고 강조한 걸까?

## 내부 갈등

지금껏 이 문제에 주목한 사람이 거의 없었지만 이는 로마서를
깊이 이해하는 데 중요한 열쇠이다. 사도행전은 지금 로마에서 온
순례자들 중 '유대인'뿐 아니라 '개종자들' 중에도 복음을 받아들
이고 귀환한 사람들이 있었음을 암시하고 있다. 로마의 유대인들
이 그리스도 신앙으로 분쟁할 때 이 '개종자'들도 함께 있었다. 그
러다가 덜컥 황제의 추방령이 떨어지자 희한한 일이 생겼다. '모든
유대인'이 다 추방된 후 로마에 누가 남았을까? 가능성은 하나뿐
이다. 로마 회당 구성원 중 '유대인 개종자'만 남게 되었다(물론 일부
하나님 경외자도 가능하지만 주축은 아니니 제외하자). 그들은 유대인이 아니었다.
'개종자들'이 유대인들에 의해 회당에서 유대인으로 인정받았어
도 로마제국까지 그렇게 보는 건 아니었다(물론 지금은 그게 다행이었다).

정통 유대인이 사라지자 로마의 분쟁 상황은 즉시 두 갈래가 되
었다. 그리스도를 '믿는 개종자'와 '안 믿는 개종자' 그룹이다. 이

둘 사이에는 여전히 대립적인 관계가 존재했을 것이다. 하지만 그 대립이 지속되긴 힘들었다. 정통 유대인을 다 내쫓은 국가의 눈치를 봐야 했고 함께 모이던 회당도 폐쇄되었기 때문이다. 그러다 보니 이 기간 동안 두 그룹은 자연스럽게 개별 형태로 발전해 갔다. 이때 이 '그리스도를 믿는 개종자' 그룹이 로마의 독립된 기독교 공동체 즉 로마교회의 전신이 된 것이다. 이후 5년이 지나 추방당한 정통 유대인들이 돌아왔다. 그리스도를 안 믿던 유대인들은 그동안 유대교를 지켜 온 '개종자' 그룹과 만나 회당을 재건했다. 그리스도를 믿는 유대인들 역시 '믿는 개종자' 그룹과 재회했지만 회당에 복귀할 수는 없었다. 정통 유대교가 거부했을 것이기 때문이다. 이리하여 로마의 기독교 공동체는 마침내 유대교와 완전히 결별하였다. 독립된 로마교회가 세워진 것이다.

문제는 이제부터였다. 이렇게 세워진 로마교회 안에 이상한 갈등이 시작되었다. 귀환한 유대인 신자들 중에는 브리스가와 아굴라 같은 바울 계통의 사람들이 있었다. 이들은 로마의 기독교 공동체를 지켜 온 '개종자' 그룹에게 갑자기 찬물을 끼얹기 시작했다. 바울의 복음이 율법 문제에 상당히 자유로웠기 때문이다. 본래 개종자들은 유대인보다 더 율법에 열심이었다. 그러다 보니 엉뚱하게도 개종자들과 바울 지지파 유대인 사이에 율법 논쟁이 일어날 수밖에 없었다.

여기에 더 황당한 일까지 더해졌을 것이다. 본래 개종자의 유대인 지위는 회당이 주는 것이다. 하지만 다시 세워진 유대교 회당은 로마교회에 있는 그리스도를 믿는 개종자들을 파문했을 가능성이 높다. 그들의 유대인 정체성이 더 이상 공식 인정을 못 받게 된 것이다. 곤란한 상황이 펼쳐졌다. 이들에게 할례와 유대인이라는 정체성은 생명을 건 지위였는데 그 소중한 기반이 갑자기 사라진 것이다.

물론 로마교회 안에서는 아직 어느 정도 인정받았을 것이다. 하지만 이방인이 다수가 된 로마교회 안에서 그 명예는 사실 별 의미가 없었다. 심지어 그런 분위기를 주도하는 바울 계통의 리더들은 근본적으로 자기들보다 한 수 위인 태생적 유대인들이었다. 그래도 개종자들은 자기들의 유대인 지위를 포기할 수 없었다. 목숨 걸고 할례받아 얻은 특별함이므로 최소한 일반 이방인들과는 구별되어야 했다. 추방 기간 동안 자신들이 교회를 지켰고 따라서 로마교회의 뿌리가 곧 자신들이라는 자부심도 만만치 않았다. 하지만 할례를 교회의 입교 조건으로 하자고 주장할 수는 없었다. 그건 자기들의 자부심을 오히려 일반화시키는 것이고 무엇보다 교회 내의 다수인 '강한 자' 그룹이 절대 받아들이지 않을 것이다. 그래서 할례 문제는 더 확산시키지 않았다.

대신에 찾은 길이 바로 금욕적 율법주의였다. 외부의 유대교 회당과도 내부의 바울 계통과도 구별되면서 자기들만의 우월성을 확보할 새로운 '주의'로 선회한 것이다. 그래서 로마교회 안에 이상한 논쟁이 시작되었다. 일반 율법은 물론이고(롬 14:5) '고기와 포도주'도 먹으면 안 된다는 주장이 제기되었다(롬 14:2, 21). 아마 할례를 감당할 정도의 결단력이 있었던 그들에게 이 정도 금욕주의는 비교적 쉬운 일이었을 것이다. 그들은 이 사상을 온 교회로 확산시키려 했다(롬 14:3-15). 그래야 자기들만의 사상 체계로 교회의 주도권을 잡을 수 있기 때문이었다.

그들은 회당 유대인도 증오했다. 추방 이전부터 그들과 분쟁했고 급기야 파문까지 당하자 나쁜 감정이 생길 수밖에 없었다. 바울이 말한 "너희를 박해하는 자"(롬 12:14)나 "네 원수"(롬 12:19-20)에 대한 충고는 이런 분위기에서 나왔을 가능성이 높다. 그는 유대인에 대해 "복음으로 하면 그들이 너희로 말미암아 원수된 자요 택하심으로 하면 조상들로 말미암아 사랑을 입은 자라"(롬 11:28)고 했다. 이 구절의 바탕에는 신자 중 누군가가 유대인을 원수로까지 여기는 반감이 엿보인다.

로마교회 안에 과연 누가 이런 반감을 가졌을까? 로마교회의 다수를 차지하는 이방인들이 이럴 이유는 없다. 바울의 복음으로 유대인의 지위를 좀 무시할 수는 있지만 '원수'로 여길 정도는 아니었다. 바울 계통의 유대인들은 더더욱 그랬다. 오히려 그들은 바울과 마찬가지로 동족들에게 안타까운 마음이었을 것이다. 로마교회 안에서 외부 유대인들을 원수로 여길 자는 딱 한 그룹뿐이다. 그들이 바로 '개종자' 그룹 곧 14장의 '연약한 자' 그룹이었다. 이들은 외부 유대인들을 박해자와 원수로 여겼고 이들을 향한 선교에 반대하는 입장이었다. 그래서 바울은 이들과 구별되는 혈통적 유대인 지시어들(골육의 친척, 이스라엘 사람, 야곱, 자기 백성, 아브라함의 씨, 베냐민 지파 등)을 가지고 유대인 선교를 옹호하는 논증을 지속한 것이다.

개종자 그룹은 한마디로 애매한 입장이었다. 할례를 받고 유대인이 된 게 자랑이었지만 그 뿌리인 회당을 증오했고, 개척 멤버라는 자부심 때문에 로마교회에 확산되는 바울의 세력도 막아야 했다. 그래서 일종의 변칙적인 신앙 형태로 발전한 것이다. 한편으로 이방 신전의 물건을 훔친 후 아마 공개 파손함으로써 회당과 교회 모두에게 유일신에 대한 자기들의 신앙을 과시했을 것이다. 오늘날 극단적인 신자들이 절, 불상 혹은 단군상에다 하는 것처럼 말이다. 본래 혈통상 이방인이라 이방 신전 출입이 익숙했기에 더 가능했을 터다. 또 한편으로는 율법 이상의 금욕주의 즉 채식과 금주로써 회당과 교회 모두에게 우월감을 느끼려 했다. 이 모두는 기이한 역사적 현실에서 발생한 '유대인 개종자' 출신 신앙인들의 아이러니였다.

## 두 그룹을 모두 품은 바울

바울은 이들의 자부심 자체를 흔들려고 하지는 않았다. 그들의 뿌리 깊은 유대적 자부심을 대놓고 부인하거나 '개종자'(프로셀뤼토스)라는 단어를 직접 거론하여 정체를 드러내면 역효과를 가져올 것이었다. 그래서 조심스럽게 작업을 진행했다. 예를 들면 이렇다. '정통 유대인들'(즉 참 감람나무)을 언급하면서 접붙임의 이미지가 강한 개종자들을 은밀하게 '이방인의 범주'(돌감람나무)에 넣고 "내가 이방인인 너희에게 말하노라 … 그 가지들을 향하여 자랑하지 말라"(롬 11:13, 18)고 명령하는 식이었다. 진실로 바울은 모든 로마 교인들을 다 포용하여 온 교회가 "그리스도 예수를 본받아 서로 뜻이 같게 하여 주사 한마음과 한 입으로 하나님 곧 우리 주 예수 그리스도의 아버지께 영광을 돌리게"(롬 15:5, 6) 하고 싶었다.

하지만 로마서를 끝낼 때쯤 되자 불안감이 가시지 않았다. 어차피 로마교회 대다수는 바울에게 순종하는 분위기였다(롬 16:19). 그러니 만일의 경우를 확실히 대비할 필요가 있었다. 그래서 자기 지지자들에게 명령한 것이다. "너희가 배운 교훈을 거슬러 분쟁을 일으키거나 거치게 하는 자들을 살피고 그들에게서 떠나라"(롬 16:17). 이미 살펴보았듯이 '떠나라'는 말은 그들이 지금 로마교회의 중심에 서 있었다는 증거다. 이 경고는 사실 초반에 이미 천명되었다. "유대인이라 불리는"(롬 2:17) 자들은 남을 "판단하고도 같은 일을 행하는 사람"(롬 2:3)이었고 동시에 "당을 지어 진리를 따르지 아니하고 불의를 따르는 자"(롬 2:8)였다. 그들에게는 하나님의 '진노와 분노'가 예고되었다.

결론적으로 로마교회는 오랜 기득권을 쥐고 오염된 사상을 펼치던 '약한 자' 그룹(믿는 유대인 개종자+일부 지지자들)과 바울의 가르침을 받아들인 '강한 자' 그룹(바울 지지파 유대인들+다수의 이방인들)이 대립하는 양상을 띠고 있었다. 바울은 이 둘의 갈등을 해소하고 스페인 선교라는 본질적인 사명으로 이끌고자 고심하며 분투했다.

# 더 깊이 읽기: 바울 복음의 이중적 구원

## 믿음을 넘어서

흔히 로마서의 핵심을 '이신칭의'(以信稱義)라고 한다. 틀린 말은 아니다. 바울의 복음은 "모든 믿는 자에게 구원을 주시는 하나님의 능력"(롬 1:16)이다. 하지만 결코 그것만은 아니다. 바울은 '믿음'이라는 출발선을 넘어 그 다음 단계를 자주 강조한다.

이미 로마교회는 그들의 "믿음이 온 세상에 전파"(롬 1:8)되었다. 바울이 전해 준 "교훈의 본을 마음으로 순종하여 죄로부터 해방되어 의에게 종이"(롬 6:18) 되었다. 즉 그들은 분명히 믿는 자들이다. 하지만 바울은 그들의 "육신이 연약"(롬 6:19)하다고 지적했다. 이들은 분명히 전에 죄의 종이었던 "일을 부끄러워하나니 이는 그 마지막이 사망임"(롬 6:21)을 알고 있었다. 하지만 거기서 완전히 빠져나오지 못했다. 의에게 종이 되었지만 아직 "너희 지체를 의에게 종으로 **내주어** 거룩함에 이르"(롬 6:19)지는 못했다. 신분만 의의 종이지 실제 삶이 의에게 바쳐진 상태가 아니었다. 이것은 믿음의 초보 단계로서 이른 바 연약하고 '육신적인' 성도의 수준이라 할 수 있다.

바울은 이런 자들을 어떻게 하든지 다음 단계로 이끌려 한다. 그 목표가 바로 "너희 몸을 하나님이 기뻐하시는 거룩한 산 제물로 드리라"(롬 12:1)이다. 앞에 나온 '내주다'와 여기의 '드리라'는 모두 같은 단어인 '파리스테미'다. 사실 여기까지는 특별할 것이 없다. 예수 믿어 중생하고 성결하여 "죄가 너희를 주장하지 못하"(롬 5:14)는 상태로 가는 것이 마땅하다. 그럼에도 이 단계가 기이한 것은 이 '중생과 성결'의 틀 안에 색다른 개념이 보이기 때문이다.

먼저 이 단계들은 그리스도의 죽음 그리고 부활과 연결된다. 믿음의 첫 단계에서 성도는 "그의 죽으심과 합하여 세례를 받음"(롬 6:3)으로 "죄의 몸이 죽어 … 죄에서 벗어나 의롭다 하심을"(롬 6:7) 얻었다. 하지만 그게 다가 아니다. 다음 단계가 있다. 세례를 받은 성도의 최종 목표는 "그리스도를 죽은 자 가운데서 살리심과 같이 우리로 또한 새 생명(직역은 '생명의 새것') 가운데서 행하게 하려 함"(롬 6:4b)이다. 새 생명이 과연 뭘까? 성도의 부활을 의미할 것이다. 왜냐하면 그는 이 논리를 "만일 우리가 그리스도와 함께 죽었으면 또한 그와 함께 살 줄을 믿노니"(롬 6:8)로 연결시키기 때문이다. 즉 성도는 그리스도와 '함께 죽은' 후 다시 '함께 사는' 단계로 나아가야 한다.

이 과정에서 바울은 한 가지 명령을 내린다. "죄가 너희 **죽을 몸**을 지배하지 못하게"(롬 6:12) 하라는 것이다. 여기서 '죽을 몸'이 등장한다. 이 '죽을 몸'은 과연 신자만의 몸일까 아니면 세상 모두에게 공통된 몸, 즉 유한성을 지닌 몸에 대한 지칭일까? 믿지 않는 죄인들이 모두 "사형(죽음, 타나토스)에 해당한다"(롬 1:32) 선언한 걸 보면 아마 모든 인간을 다 가리키는 것 같다. 그렇다면 포인트는 모든 몸이 다 죽지만 '성도의 죽을 몸만은 부활한다'는 것이다. 바울은 성도가 그리스도의 죽음과 연합한 후 그의 유한한 '죽을 몸'이 부활하는 두 번째 단계를 말하는 것이 분명하다. 물론 요한복음 5장 29절에 보면 '악인의 심판의 부활'도 있지만 로마서의 관점에서 이것은 곧 영원한 죽음이므로 논외로 한다(롬 1:32; 6:21, 등).

### 죽을 몸도 살리시는 성령

그런데 이 부활에 어떤 조건이 있는 것 같다. 그것이 바로 '성령의 거하심'이다. "육신에 있는 자들은 하나님을 기쁘시게 할 수 없"(롬 8:8)는데 "만일 너희 속에 하나님의 영이 거하시면 너희가 육신에 있지 아니하고 영에"(롬 8:9) 있다. 그 다음이 중요하다. 그러면

"너희 안에 거하시는 그의 영(곧 성령)으로 말미암아 너희 **죽을 몸도** 살리시리라"(롬 8:11)는 말이다. 여기에 다시 '죽을 몸'의 부활이 등장한다. 그 죽을 몸을 누가 살리시느냐? 바로 우리 안에 거하시는 성령이다.

그러면 의문이 생긴다. 아직 성령이 거하지 않은 육신적인 상태의 성도는 어떻게 되는 걸까? 그 성도는 '죽을 몸'의 부활을 기대하지 못하는 것일까? 이 의문은 연속된 다음 두 구절에서 심화된다.

| 롬 8:10 | 롬 8:11 |
|---|---|
| "만약 그리스도가 너희 안에 [계시면]" (εἰ δὲ Χριστὸς ἐν ὑμῖν) | "만약 성령이 너희 안에 거하시면" (εἰ δὲ τὸ πνεῦμα ··· οἰκεῖ ἐν ὑμῖν) |
| 몸은 죄로 죽은 것이나 영은 의로 살아있는 것이다 | 너희 죽을 몸도 살리시리라 |

이것은 바울이 '그리스도가 너희 안에 있는 상태'와 '성령이 너희 안에 거하시는' 상태를 구분한다는 증거다. 그리스도만 있는 상태는 성도의 첫 단계 곧 세례를 통해 그의 죽으심과 합하는 단계로 보인다. 왜냐하면 "그리스도 예수와 합하여 세례를 받은 우리는 그의 죽으심과 합하여 세례를 받은"(롬 6:3) 것이고 이 단계에서 그리스도와 우리가 합해졌지만 "그의 죽으심과 합하여 ··· 그와 함께 장사"(롬 6:4)되었을 뿐 아직 새 생명의 경지는 아니다. 따라서 이 단계의 성도는 그 다음 단계 곧 "그리스도와 함께 죽었으면 또한 그와 함께 살 줄을"(롬 6:8) 믿어야 한다. 이것이 곧 성령이 거하시는 단계요 잠시 후에 보겠지만 죄를 이기는 단계다. 여기에

이르면 성도는 죽을 몸이 살아날 소망을 가진다.

　그럼 조금 전의 질문이 다시 나온다. 만약 이 성령의 단계에 이르지 못한 성도가 죽으면 어떻게 될까? 문자 그대로라면 그의 몸은 죄로 죽고 영만 살았는데 죽을 몸이 살아날 소망은 아직 없다. 그럼 어떻게 될까? 말도 안 되는 질문 같지만 이와 관련된 난해한 말을 바울이 다른 서신에 남겼다. 고린도교회의 음행하는 교인을 쫓아내라 명하면서 "이런 자를 사탄에게 내주었으니 이는 육신은 멸하고 영은 주 예수의 날에 구원을 받게 하려 함이라"(고전 5:5, 혹은 고전 3:10-15도 참조)고 했다. 과연 바울의 생각 속에 '육은 멸망하고 영혼만 구원받는' 신자와 '영과 육이 다 구원받는' 신자가 따로 존재했을까? 이 문제는 더 깊이 연구하여 나중에 나올 《고린도서 정독하기》에서 다루겠다. 일단 여기서는 이와 비슷한 구분이 로마서에도 보인다는 것만 확인하자.

　그러면 바울이 보여 주는 두 가지 형태, 즉 '그리스도'를 모신 상태와 '성령'을 모신 상태를 구분하는 기준은 뭘까? 바울은 두 번째 단계 즉 성령을 모신 상태를 자꾸만 죄를 이기는 것과 연결시킨다. 6장의 단계적 진술들 곧 '장사됨과 새 생명'(롬 6:4)과 "함께 죽었으면 또한 그와 함께 살 줄을 믿노니"(롬 6:8) 등은 결국 "그러므로 너희는 죄가 너희 죽을 몸을 지배하지 못하게 하여 몸의 사욕에 순종하지"(롬 6:12) 말라는 명령으로 이어진다. 이 명령이 결국 '성령의 거하심'과 직결된다. "육신을 따르지 않고 그 영을 따라 행하는 우리에게 율법의 요구가"(롬 8:4) 이루어지는데, 이 경지가 바로 "너희 지체를 의에게 종으로 내주어 거룩함에"(롬 6:19) 이르게 된 상태요 "죄가 너희를 주장하지 못하"(롬 6:14)는 상태다.

한마디로 성도는 성령이 거하심으로 성령을 따라 행하여 죄를 이긴다는 말이다. 여기서 문제는 복잡해진다. 그렇다면 촉발점은 누굴까? 성령이 먼저 거하셔서 우리가 "하나님의 영으로 인도함을 받는 사람"(롬 8:14)이 되는 걸까? 아니면 우리가 먼저 결단해야 성령이 거하시는 걸까? 이 부분은 좀 혼란스럽다. 바울은 성령을 언급하기 전에 "너희 지체를 의의 무기로 하나님께 드리라"(롬 6:13c)고 명령했다. 심지어 "죄가 너희 죽을 몸을 지배하지 못하게 하"(롬 6:12)라고 강하게 명령했다. 이건 너의 결단과 노력을 먼저 쏟으라는 명령이다. 그런데 현실적으로 이게 내 힘으로 잘 안 된다. 바울 자신도 육신의 약함으로 깊은 갈등에서 사망의 공포를 느꼈다고 고백했고(롬 7:14-25) "하나님의 영으로 인도함을 받는 사람"(롬 8:14)에 대한 말을 꺼냈다. 한편 그 성령의 인도함 역시 우리가 자발적으로 "그 영을 따라 행하"(롬 8:4)는 중에 이루어진다. 나아가 바울은 "육신에게 져서 육신대로 살 것이 아니니라 … 영으로써 몸의 행실을 죽이면 살리니"(롬 8:12-13)라고 명했다. 이 역시 자신의 결단과 노력이 선행되어야 성령의 도우심이 가능하다는 말 같다. 하지만 반대되는 가르침도 있다. 바울은 "성령도 우리의 연약함을 도우시나니"(롬 8:26)라고 말한다. 여기서 주도권이 또 바뀐다. 우리는 못하지만 성령이 도와주신다는 의미다. 대체 바울이 말하려는 것은 뭘까?

아마 명확한 공식보다는 성도와 성령의 상호 관계에 집중하는 것 같다. 다시 말해 성령과 인간의 시너지 효과다. 성도가 노력하고 혹은 탄식하고 혹은 절망하면서도 여전히 하나님을 바라보는 것, 그것까지 다 죄와 싸우고 의의 종이 되려는 노력에 포함된다. '그 속에서 고군분투하라. 그러면 성령께서 우리의 연약함을 도우시고 결국 이기게 하실 것이다.' 바울은 이 정도 선에서 말하는 것 같다. 연약한 로마교회를 딱 부러지는 공식으로 한정짓는 것도 위험했고 그렇다고 흐지부지 할 수도 없었던 것이다. 게다가 바울 자신도 모든 것을 다 아는 것 같지는 않다. 그 역시 하나님의 신비 앞에 모르는 부분이 많았다(롬 11:33-36). 그럼에도 그가 받은 영감과 경험들로 확실히 깨달은 것은 성령이 반드시 계시며 성도를 도우시는데, 여기에 인간의 선한 몸부림이 필요하다는 것이었다. 결국 바울의 말은 이것이다. '로마교회여, 현재의 약하고 육신적인 신앙을 벗어나기 위해 저항하고 싸우고 탄식하며 매달리라. 그러면 성령께서 도우시사 이기게 해주시리라.'

### 고난과 영광으로의 초대

그러면 대체 이 저항과 매달림의 원인은 뭘까? 왜 성도는 이리도 고군분투해야 하는 것일까? 사실 진짜 포인트는 이 지점이다. 바울은 그것이 '현재의 고난'을 참아야 하기 때문이라고 말한다. 이 고난은 바울에게 있어 무엇보다 복음을 위해 겪는 고난이다(롬 8:33-39). 복음을 위해 분투하다가 탄식하고 절망하지만 그럼에도 소망을 놓지 않으면 성령께서 아시고 우리를 위해 탄원하신다(롬 8:27). 또 예수께서도 하나님 우편에서 함께 탄원하신다(롬 8:34). 그래서 마침내 성삼위의 도우심으로 성도는 "이 모든 일에 … 넉넉히 이기느니라"(롬 8:37)라는 고백을 할 수 있게 된다. 여기서 우리는 바울의 가르침을 현대교회가 잘 이해하지 못하는 중대한 이유를 발견한다. 이 모든 가르침의 바탕에 바울 자신이 실제로 겪는 환난이 있기 때문이다. 이건 우리 대부분에게 너무 낯선 그라운드다.

바울은 줄곧 이를 강조해 왔다. 앞서도 이렇게 말했다. "우리가 원수 되었을 때에 그의 아들의 **죽으심**으로 말미암아 하나님과 **화목**하게 되었은즉 화목하게 된 자로서는 더욱 그의 **살아나심**으로 말미암아 **구원**을 받을 것이니라"(롬 5:10). 이 말씀도 잘 보면 두 단계 과정이 보인다. 예수의 '죽으심'으로 성도는 '화목'을 얻었다. 이것은 이미 살펴본 첫 단계다. 그 다음 우리는 그의 '살아나심'으로 '구원'을 받을 것이다. 이 구원이 바로 "너희 죽을 몸도 살리"(롬 8:11)시는 두 번째 단계다. "이 은혜에 들어감을 얻"(롬 5:2a)은 성도는 "하나님의 영광을 바라고 즐거워"(롬 5:2b)한다. 즉 "이제 우리로 화목하게 하신 우리 주 예수 그리스도로 말미암아 하나님 안에서 또한 즐거워(혹은 자랑)"(롬 5:11)한다.

하지만 반드시 깨달을 것이 있다. 이 즐거움과 자랑의 토양 역시 환난이라는 것이다(롬 5:3). 은혜의 즐거움을 역설하던 바울은 "다만 이뿐 아니라 우리가 환난 중에도 즐거워하나니 이는 환난은 인내를 인내는 연단을(직역하면 '증거') 연단은 소망을 이루는 줄 앎이로다"(롬 5:4)라고 말한다. 그리고 이 환난 중의 소망은 어김없이 성령과 직결된다. "소망이 우리를 부끄럽게 하지 아니함은 우리에게 주신 성령으로 말미암아 하나님의 사랑이 우리 마음에 부은 바 됨"(롬 5:5)이다. 그러므로 5장과 8장은 정확히 일치한다. "그와 함께 영광을 받기 위하여 고난도 함께 받아야 할 것"(롬 8:17)이고 "보지 못하는 것을 바라면 참음으로"(롬 8:25) 기다려야 하는데 이때 "성령도 우리의 연약함을 도우"(롬 8:26)셔서 마침내 "어떤 피조물이라도 우리를 … 하나님의 사랑에서 끊을 수 없으리라"(롬 8:39) 외치게 하시기 때문이다. 여기가 핵심이다. 성도가 복음으로 고난을 받는 중에 어떤 태도를 취하냐가 모든 것을 결정짓는다. 환난은 인내를 인내는 증거를 증거는 소망을 이룬다(롬 5:3-4). 환난 중에 인내하여 그 증거를 만드는 자가 진짜다. 그 증거가 성령의 도우심을 부르고 나아가 소망의 보증이 된다.

그러므로 바울은 다음 두 가지를 말하고 있다. 첫째, 신앙에는 두 단계가 있다. 육신적인 단계와 성령으로 승리하는 단계이다. 당연히 성도는 성령의 단계로 성숙해야 한다. 둘째, 그러기 위해서는 복음의 고난 중에도 여전히 소망을 붙드는 인내와 노력이 필요하다. 그 결단과 몸부림이 내게서 나와야 한다. 그러면 성령이 인도하셔서 이기게 하신다.

나
가
는
말

AD 64년 로마 대화재를 기점으로 네로황제의 끔찍한 기독교 박해가 있었다(당시 역사가인 타키투스의 연대기에 자세히 나옴). 로마의 성도들은 참혹한 죽음과 고통을 당해야 했다. 우리는 로마교회가 바울의 스페인 선교 동참을 받아들였는지 여부는 모른다. 하지만 이것은 확실하다. 무서운 칼과 맹수 앞에 선 로마의 성도들은 수년 전 바울이 보내온 로마서의 말씀을 굳게굳게 붙들었을 것이다. 그 말씀 하나하나가 심령에 되살아나 현재의 고난 너머 찬란한 천국 문과 그들을 기다리시는 예수 그리스도를 바라보며 기꺼이 죽음을 껴안았을 것이다.

우리가 그와 함께 영광을 받기 위하여 고난도 함께 받아야 할 것 이니라 생각하건대 현재의 고난은 장차 우리에게 나타날 영광과 비교할 수 없도다(롬 8:17-18).

보이는 소망이 소망이 아니니 보는 것을 누가 바라리요 만일 우리 가 보지 못하는 것을 바라면 참음으로 기다릴지니라(롬 8:24-25).

그러나 이 모든 일에 우리를 사랑하시는 이로 말미암아 우리가 넉넉히 이기느니라(롬 8:37).

다른 어떤 피조물이라도 우리를 우리 주 그리스도 예수 안에 있 는 하나님의 사랑에서 끊을 수 없으리라(롬 8:39).

어쩌면 로마서는 로마의 신실한 자들에게 크나큰 영광을 감당 케 하시려고 하나님께서 바울을 통해 미리 보내신 천국의 초청장 이었는지도 모른다. 그 놀라운 말씀이 지금 우리 손에 들려 있다.

# 로마서 본문 구조 분석표

이제껏 살핀 내용들을 한눈에 보이도록 정리했으니 평생 계속
될 로마서 정독에 작은 약도로 사용하세요.

| 로마서 | 서론<br>(롬 1:1-15) | 바울과 로마교회의 정체성(롬 1:1-7) | |
|---|---|---|---|
| | | 방문 열망의 이유(롬 1:8-15) | |
| | 본론<br>전반부<br>(롬 1:16-<br>8:39):<br>바울의 복음 | 복음의 정의<br>(롬 1:16-17) | ① (대상) 모든 자<br>② (조건) 믿는 자<br>③ (획득) 구원 |
| | | 모두가 죄인이다<br>(롬 1:18-3:18) | ① 이방인들(롬 1:18-32)<br>② 유대인들(롬 2:1-5, 17-29)<br>③ 심판의 기준: 율법과 양심(롬 2:6-16)<br>④ 돌발적인 예고편(롬 3:1-8)<br>⑤ 의인은 없나니 하나도 없다(롬 3:9-18) |
| | | 오직 예수를<br>믿음으로 얻는 의<br>(롬 3:19-5:21) | ① 율법이 말하는 것(롬 3:19-20)<br>② 예수를 믿음으로 말미암는 의(롬 3:22-31)<br>③ 모든 믿는 자의 조상 아브라함(롬 4:1-25)<br>④ 소망으로 사는 삶(롬 5:1-11)<br>⑤ 아담은 오실 자의 모형(롬 5:12-21) |
| | | 죄와 은혜 논쟁<br>(롬 6:1-23) | ① 세례의 참 의미(롬 6:1-14)<br>② 순종의 법칙(롬 6:12-23) |
| | | 율법 파기 논쟁<br>(롬 7:1-25) | ① 율법으로부터의 해방(롬 7:1-6)<br>② 여전히 소중한 율법(롬 7:7-13)<br>③ 복음을 재각성시키는 율법(롬 7:14-25) |
| | | 성령으로<br>승리하는 믿음<br>(롬 8:1-39) | ① 생명의 성령의 법으로 해방됨(롬 8:1-2)<br>② 성령을 따라 행하는 우리(롬 8:3-11)<br>③ 상속자의 영광과 인내(롬 8:12-25)<br>④ 우리 연약함을 도우시는 성령(롬 8:26-30)<br>⑤ 끊을 수 없는 하나님의 사랑(롬 8:31-39) |

| | | | |
|---|---|---|---|
| 로마서 | 본론<br>후반부<br>(롬 9:1-15:33):<br>바울의 선교 | 이스라엘을 향한 근심과 고통(롬 9:1-5) | |
| | | 약속의 자녀가 아브라함의 씨다(롬 9:6-9) | |
| | | 야곱'도' 사랑하시는 하나님(롬 9:10-24) | |
| | | 여전히 어리석은 유대인들(롬 9:25-33) | |
| | | 절대 하면 안 되는 말(롬 10:1-7) | |
| | | 반드시 해야 할 말(롬 10:8-15) | |
| | | 신비한 선교 전략: 시기의 법칙1(롬 10:18-21) | |
| | | 신비한 선교 전략: 시기의 법칙2(롬 11:1-24) | |
| | | 신비한 선교 전략: 불순종의 법칙(롬 11:25-36) | |
| | | 참된 예배자가 되라(롬 12:1-2) | |
| | | 서로 화목하라<br>(롬 12:3-21) | ① 교만하지 말고 다양성을 인정하라(롬 12:3-13)<br>② 모든 사람과 더불어 화목하라(롬 12:14-21)<br>③ 위에 있는 권세들에게 복종하라(롬 13:1-7)<br>④ 사랑은 율법의 완성이다(롬13:8-10)<br>⑤ 육신의 일을 도모하지 말라(롬 13:11-14) |
| | | 연약한 자와 강한 자의 대립(롬 14:1-23) | |
| | | 한마음과 한 입으로 하나님께 영광을(롬 15:1-13) | |
| | | 너희가 그리로 보내주기를 바람이라(롬 15:14-33) | |
| | 결론<br>(롬 16:1-27) | 뵈뵈를 영접하라(롬 16:1-3) | |
| | | 내 지인들에게 문안하라(롬 16:3-16) | |
| | | 이같은 자들에게서 떠나라(롬 16:17-20) | |
| | | 우리도 문안하노라(롬 16:21-24) | |
| | | 마지막 기원(롬 16:25-27) | |

신약정독 시리즈

# 로마서 정독하기

Romans :
Careful Reading of New Testament

지은이  오경준
펴낸곳  주식회사 홍성사
펴낸이  정애주
국효숙 김의연 김준표 박혜란 손상범 송민규
오민택 임영주 주예경 차길환 허은

2021. 9. 8. 초판 1쇄 인쇄   2021. 9. 15. 초판 1쇄 발행

등록번호 제1-499호 1977. 8. 1.
주소 (04084) 서울시 마포구 양화진4길 3   전화 02) 333-5161   팩스 02) 333-5165
홈페이지 hongsungsa.com   이메일 hsbooks@hongsungsa.com   페이스북 facebook.com/hongsungsa
양화진책방 02) 333-5161

ISBN 978-89-365-0377-2 (03230)